60歳からの
「手抜き」の極意

和田秀樹
Wada Hideki

河出新書
079

まえがき

「手抜き」という言葉は、私の人生から離れない大きなキーワードです。

世の中への、実質的なデビュー作になった『受験は要領』という本は大ベストセラーになり、多くの受験生から支持を受けましたが、多くの教育関係者から「手抜き勉強のすすめ」とボロクソに叩かれました。

当時は、「この方が合格できるからいいじゃん」と開き直っていましたが、その後、別の効用を痛感するようになりました。

精神科医になり、あまりに多くの人が、手が抜けないために、心の病に陥ってしまう現実を目の当たりにしたからです。

実際、当時、私のことをボロクソに叩いていた人が10年以上前から、まだ50代、60代のはずなのに、ほとんどその著述が見られなくなったのは、うつ病にでもなったのかと、つい疑ってしまうくらいです。

そして、64歳で、どうにか文筆業を続けていられるのは、本書で紹介するような手抜きを実践しているからだと思っています。

昨年（2023年）には、1年で60冊も本が出せたのは、そのためだと信じています。

こんなに本を出しているのだから、手抜きだろうと言われることはしばしばあります。確かに手抜きです。完璧を目指さず、くだらないことにこだわらないようにしているからたくさんの本が出せているのです。

ただ、この話を聞いて、「和田を見損なった」とか「読者をなめている」と思う方は、精神科医の立場から言わせてもらうと要注意です。

いわゆる「かくあるべし思考」や完全主義の強い人だと考えられるからです。

もちろん、この手の人は、真面目だし、仕事もしっかりなさって、周囲の信頼も得ていると思います。

でも、年をとるにつれ、人間というのはそこまで頑張れなくなってくるし、それで心身を壊す人を大勢見てきました。

また、昨今のコンプライアンスの厳しさは、さらにそういう人たちを危うくしています。

人が手を抜いているのが許せないということは、たとえば、部下の手抜きや休みを許せなくなりがちです。そういう人が悪気がないのに、パワハラと訴えられたり、そういう上司が多い会社はブラック企業の扱いを受けることになります。

私の言う「手抜き」というのは、少しでも楽なやり方でやり、きちんと休みも取るけど、それなりの水準は保つようにしようというものです。

完璧は目指さないけど、合格点は目指すというものです。

私だって、本を出す時にゲラのチェックをするわけですが、これは読者に失礼というレベルのひどいものならかなりの書き直しをします。

受験生にも合格者の最低点を目指せと言いますが、それを1点でも下回ると1年浪人することになるので、コンディションが悪い時でもそれをクリアできることを目標とします。

私の言う「手抜き」というのは、なるべく心身に負担にならないように、労力や時間をなるべくかけない代わりに、成果については、ど根性の人や完全主義の人にくらべて実質的な遜色がなく（1番で合格しても、合格者の最低点で合格しても結果は同じです）、それどころか、そういう人以上のものを出す（ど根性型の人が不合格で、この手の要領のいい人が合格することは珍しくありません）ことを指します。

さらに言うと、長期的には、ど根性型の人の多くが息切れをするのに、私のような手抜きができると64歳になっても、日本でいちばんたくさんの本を出版できているように長続きするのです。

介護などの場合、頑張りすぎて、介護者が心身を壊した際に、その介護者が完璧主義で人の助けを借りないような人なら、逆に介護を受ける側が最低限の介護も受けられなくなってしまうこともあります。

昔と違って60歳といっても、これからかなり長い人生が待っています。

仮にまだ会社員人生が残っていたとしても、ほとんどの人は、死ぬほど頑張ったからといって出世は望めないわけですし、完璧主義は求められていないはずです。

若い人の仕事ぶりを手抜きと怒るより、鷹揚に見ていられる方が、信望も集まりやすいでしょう。あるいは、若い人の相談に乗る時も、「そこまで頑張らなくていいよ」と言ってあげられる方が余裕が感じられる年代になっているのです。

人の見本になるというのなら、頑張りすぎの見本より手抜きの見本の方が、より求められている時代でもあります。

本書を通じてちょっとした意識改革を起こして、上手な手抜きを覚えて、長い人生を生き延びていかれることを切に望んでいます。

目次

まえがき 3

第1章 人生を変える手抜きのすすめ

昭和生まれがうまく手抜きできない理由 21
「手抜き」は悪いことではない 24
いい「手抜き」には工夫が必要 27
完全主義者はむしろ不適応 29
満点主義は捨てて合格点を目指そう 32
上手な「手抜き」はメンタルにいい 35

働き方改革は上手な「手抜き」 37
世界のクロサワだから許されたこと 39
「手抜き」の工夫で成果も上がる 41
映画を2倍速で観るのはいけないこと？ 43
効率化から取り残された2つの世界 44
ど根性主義はなぜなくならないのか 46
受験で失敗した子たちの行く末は 49
真面目であるがゆえに悲劇が生まれる介護 52
子どもの受験と高齢者介護の共通点 55
介護はその道のプロに任せよう 56
ど根性主義から抜け出そう 58
手抜きの達人を見習おう 62

今よりもいい方法は必ず見つかる　65
手抜き上手は力の入れどころを知っている　67

第2章　手抜き上手になるために今すぐ実践したいこと

「よく寝て、よく休み、よく頼る」が手抜きの基本　73
長所を見せよう　75
できることから先にやる　76
昔はよかったと思わない　78
明日の自分に期待する　80
天才のやり方を知ろう　81
人の世話になることを嫌がらない　83

失敗しても「人生いろいろ」　84
軽いノリで趣味を見つけよう　85
仕事は楽しくほどほどに　87
無理そうな仕事は引き受けない　89
成長を求めなくてもいいんじゃない？　90
人を褒めれば人望が得られる　91
自分の責任にならない仕事は気楽に手を抜こう　94
要点を先に伝えると楽　95
中途半端でいいから締め切りに間に合わせる　97
部下に仕事を任せるようにＡＩに任せる　98
失敗してすぐに謝ると評価が高まる時代　100
面倒な集団は避ける　101

自分の生活の範囲内でのめり込めるものがあれば幸せ 102
楽しいことを趣味と呼ぼう 105
ボランティア活動の落とし穴 106
引越しするなら終の住処と思わずに 108
無理な断捨離はしなくていい 110
タイパを意識して楽な生活 114
何をしているのかわからない時間を作らない 116
何を着ようかと悩みすぎない 118
旅のテーマは出たとこ勝負 120
買い物は娯楽だと思って楽しむ 121
簡単に贅沢な気分になれる買い物のすすめ 123
自然は手抜き心を育ててくれる 124

ペット自慢を押しつけない 125
ソファやチェアで気持ちよくちょい寝 126

第3章 手抜きの健康法で本物の元気を手に入れる

検査数値を気楽にとらえる 131
賢い医者の数値の考え方 133
血圧はどこまで上がったら要注意? 135
低血糖こそ要注意 138
検査結果の正常値は賞味期限と思え 141
20代と同じ薬の量で本当にいいの? 142
話すだけで元気になるのがいい医者 146

ガンになったら穏やかな最期を迎えたい 148
脳梗塞や心筋梗塞を心配しすぎるべからず 150
手術は年齢や体力と相談 153
コレステロールを下げてガンになった話 155
うつにならないために手を抜こう 157
うつになりやすい生き方とは 159
免疫力の低下が怖い 161
ストレスは諸悪の根源 164
子どもは守られているのに 167
お酒とタバコとダイエット 169
コンビニ上等の手抜きごはんで健康に 172

第4章

老後の不安を期待に変える手抜き発想法

夫婦関係を見直そう 177
新しい出会いのチャンスは離婚から 179
つかず離れず婚のすすめ 181
仲良し夫婦の落とし穴 183
子どもの機嫌を取る必要はない 185
義理のつき合いはもうやめよう 187
「あれしろ」「これしろ」は悪いプレッシャー 189
人生行き当たりばったりが気持ちいい 190
好きなものは先に食べるのが正解 192
薬害エイズのもうひとつの見え方 194

テクノロジーの未来に期待する 197
夢の介護ロボットが家にやってくる 199
高齢者向けのビジネスチャンスを見逃すな 201
ロボットとドローンが人類を救う 203
記憶力の低下より気にすべきこと 206
男性ホルモンの低下を防ぐために 209
高齢者こそＡＩの恩恵を受けよう 210
認知症になったらのび太くんになって生きる 214
もう我慢なんていらない未来へ 215
ＡＩが職業のあり方を変える 217
働かざる者があたりまえになる 219
ＡＴ車が普通の車になった現在 221

今より楽な方法を探すこと 224
大きなつづらと小さなつづらの教訓 226
あとがき 229

第1章

人生を変える手抜きのすすめ

昭和生まれがうまく手抜きできない理由

２０２４年にパリで開催されたオリンピック・パラリンピック競技大会で、日本はそれぞれ45個、41個のメダルを獲得、うち金メダルはそれぞれ20個、14個でした。

スポーツの世界は、練習方法や健康、栄養管理などの面で常に新しい考え方を取り入れています。勝負は結果がすべてなので、より成果を出すことのできる合理的な方法をどんどん取り入れることがあたりまえになっています。

かつて昭和の時代には、スポーツの世界は「根性」が基本になっていた感覚があります。トレーニングの定番であったうさぎ跳びなるものに苦しめられた記憶のある方も多いのではないでしょうか。

うさぎ跳びは足腰を鍛えるのに効果があるという触れ込みでしたが、筋力の面でも瞬発力の面でも効果が見られないばかりか、膝を中心に大きな負担をかけることがわかって、１９８０年代になって急速に廃れることになりました。

練習中に水を飲んではいけないという厳しい謎ルールもありました。暑い中、喉が渇いても何も飲まずに我慢したり、罪悪感を覚えながら隠れて飲んだりしていたものですが、それもいつしか１８０度変わって、今では水分をとらなくては危険だと言われるようになっています。

何事もうまくなろうと思ったら一に練習、二に練習、朝早くから夜も遅くまでひたすら練習するのがいいとされていました。けれども、今では練習時間が長すぎるとかえって体を痛めるだけ、しかも理にかなっていない方法でいくら頑張っても意味はないから、無茶な練習はしない方がいいとされています。

昭和の時代、ど根性で練習をさせていたような指導者が一気に駆逐される時代になっているのです。

私が子どもの頃はマンガやアニメで「スポ根もの」が大流行して、何をするにも力の限り取り組むのがカッコいいという風潮がありました。自分の体を極限まで痛めつけて、睡眠時間さえ削って、血を吐くまで弱音を吐かない、そんな猛烈な練習が美化されていたものです。けれども、今時そんな非人道的な練習を誰も褒めたりなどしません。

野球では、バッターは両手にできた血マメがつぶれるほど素振りを繰り返し、ピッチャーはひたすら投げ込み練習を行う姿が美しいとされてきました。けれども、今、メジャーリーグでは選手の体を守ることを何より大事にしていて、ピッチャーは肩を壊さないために投球数を制限するようになっています。

そして、ついに夏の甲子園でも昼の最も暑い時間には試合をしないことになりました。暑いとかつらいとか言って練習をサボってはいけないなどというコーチは、今の時代、さすがにもういないでしょう。

つまり、昔の時代の価値観からすると「楽をする」「手抜きする」ことが評価される時代になったのです。

人の心や体を酷使したり、痛めたりまでして勝つことはもはや望まれません。心身を守りながら、それでも勝てるような合理的な練習法や戦略を編み出すことのできる選手やコーチが評価される時代になっているのです。

苦しまずに結果を出す、無理をせずに成果を上げる、長い人生、心身の健康を損なわずに生きて結果を出し続けるためには、なんであれ、そういうやり方を選ぶ必要があると私は思います。だからこそ私は「手抜き」をすすめているのです。

「手抜き」は悪いことではない

手抜きという言葉は、状況や人によってずいぶん受け取り方のことなる言葉です。

たとえば「手抜き工事」という言葉があります。ちょっとした台風でつぶれてしまった、調べてみたら柱の数が基準より少なかったというような手抜き工事は、もちろん悪い手抜きの例です。

２０１２年、山梨県の中央自動車道上り線笹子トンネルで天井のコンクリート板が崩落、車３台がその下敷きになる事故が起こりました。原因は板を支えているボルトの強度が不足していたことにあり、調査の結果、経年劣化ばかりではなく、もともと強度不足だったという報告があり、手抜きではないかと言われることもあります。

この事故をきっかけとして、同様の天井板が設置された日本中のトンネルの再検査を行うことになりました。けれども、これはどうなのでしょう。笹子トンネルでも、ある一部の天井板が崩落しているのであって、その区間だけそこの業者の手抜きがあった可能性が高いのではないでしょうか。

けれども、一律に検査を行うことで、日本中の建設業が儲かることになりました。手抜きをした可能性のある業者を調べ上げてそこを叩いた方がよほどよかったのではないか、余計な費用もかからず、効率よく、安全にできたのではないかと思うのです。

こうした手抜き工事のように本当に悪い「手抜き」はあります。けれども、日本人の9割から9割5分の人が考える手抜きというのはそういうものではなく、「完全主義ではないもの」のことではないでしょうか。

たとえばテストで、8割できれば十分だという時にも、100点を目指さなくてはいけないと思ってしまうものです。もちろん、手抜き工事のように必要なことまで手を抜きすぎてしまうと合格点に達しなくなってしまいます。

けれども、その一方で、満点を取らなくても合格は合格です。満点を目指すために頑張りすぎたり、厳しくなりすぎたり、そのせいで体調を崩したりすることなく、無理なくストレスなく合格点を目指そうというのが、いい「手抜き」のすすめなのです。

いい「手抜き」には工夫が必要

では、いい手抜き、悪い手抜きの差はどこにあるのでしょうか。それは、結果です。

たとえ手抜きに見えたとしても、最終的にいい結果になれば、実はその過程は悪いものではなかったということになるのです。

受験勉強で言えば、すべての項目を網羅しなかったとしても、合格点を目指す方法できちんとした成果を出せば、上手な手抜きと言えるわけです。介護にしても、何もかも自分で背負い込まず、潔くプロに任せるのが賢い手抜きでしょう。

それに対して、手を抜きすぎて必要なことまで行わなかったり、ここで手を抜いたら後でおかしなことが起きると知っているのに見て見ぬ振りをするのは悪い手抜きです。手抜き工事は、その代表例です。

人間関係に関しても、同様のことが言えます。

周囲といい関係を保ちたいと思っても、誰も彼もにいい顔をする必要はありません。この人だけは気を遣っておいた方がかえって楽というキーパーソンを見抜いて、あとの人とは気楽に接すればいいのです。

年をとると、「この人にだけは嫌われたらまずい」という人もそうそういなくなるかもしれません。けれども、「この人をうまく立てていれば居心地がよくなりそうだ」と感じる人がいるのであれば、そんな直感に従った方がいいでしょう。

気を抜くあまり、配慮した方がいい人に対しても配慮を欠くことがあれば、それは悪い手抜きということになります。

どう手を抜くかというプロセスよりも、結果がいいかどうかで決めるべきです。いつも手抜きをしているように見えるけれど仕事ができる人は、そのツボを心得ています。ぜひ、見習いましょう。

「手抜き工事」とは逆に「手抜き料理」はいい意味で使われることも多いのですが、

ツボを押さえたやり方をしているからこそ、時短が可能になるのです。

今は、上手な手抜きの情報を簡単に得ることができる時代です。自分ではどうもうまくいかないと思っているなら、3分クッキングや手抜き掃除のコツなど、上手な人のやり方を真似してみるといいでしょう。すると、ここだけは手を抜いてはいけないポイントがわかってきます。

どんな分野でも、今より楽なやり方が必ずあります。結果が出なくて苦しい、しんどいと思ったら、もっといいやり方を探した方がいい。きっと理想の手抜き法が見つかります。

完全主義者はむしろ不適応

日本人には完全主義の人が多いとよく言われます。だからこそ、たったひとりの人が事故を起こしただけで、高齢者全員が免許を返納すべきだという話になってしまいます。多くの高齢者の中のひとり、しかもその人にどんな事情があるかもわかりません。

それなのに、即、すべての人に責任があるかのような話になってしまう。よく考えてみると、おかしな話だとは思いませんか。これも完全主義によるものではないかと思います。

コロナの時もそうでした。当初は、コロナとの共存ではなく「新しい生活様式」とか言って中国のゼロコロナに近いあり得ない方向性が打ち出されました。これも、完全主義に感じられます。完全主義で物事を解決しようとすると、激しい無理がかかります。

たとえば我々精神科の医者が、よく目にする病に強迫神経症があります。

手を洗う時、ばい菌がゼロになるまで手を洗わなくてはいけないと思い込んで、3時間くらい手を洗い続ける人もいます。シャワーを浴びはじめると、バスルームから5時間も出てくることができなくなったりします。

強迫神経症の人たちは、完全に清潔な状態にならないといけないと思い込んでいます。けれども現実には、完全に除菌することなど不可能です。人間というものは、普通にばい菌と共存しているものなのですから、多少ばい菌がついているくらいの方が自然だと思えなくてはならないのです。

完全主義とはそれに近いものであって、いい状態を求めることに激しいストレスが伴います。

自分だけではなく相手にも完全を求めると、パワハラ、ブラックと思われることになりかねません。あるいは、仕事を命じられた時、出来上がりに完全であることを求めすぎると締め切りに遅れてしまうことになりかねません。大きな目で見れば、よほど悪い結果になるのです。

もう、完全主義はやめましょう。日本人の多くが「ちょっと手抜き」と思っているくらいのレベルがちょうどいいのです。

満点主義は捨てて合格点を目指そう

私はかつて、受験生には「合格者の最低点を目指そう」「できない科目はできなくていいからできる科目で点を取ろう」と指導していました。

また「数学は暗記しよう」という主張もしていました。そのため、手抜きの勉強法だと批判されてしまったのです。

ところが、手抜きであるはずなのに、和田式勉強法を実践した受験生の多くは、自分の偏差値より上の学校に合格することができるようになりました。

一方で、その当時、和田秀樹を批判していた人たちの勉強法を実践していた受験生は、軒並み不合格になったりしていたのが現実です。それ以上にメンタルを病む人も多く出たようです。

これも、すべて完全主義のネガティブな面が出てしまった例だと思います。努力をする時に満点を目指すと、どれもが中途半端になりかねません。けれども、合格点を目指すと決めれば、効果的な勉強計画を立てることができます。合格点主義はコスパがいいのです。

これは試験に限ったことではありません。介護であろうが、仕事を頼まれた時であろうが、合格点が読める人、つまりこの程度までやっておけば大丈夫だ、許してもらえるだろうと思える人は過労になることはありません。それどころか、仕事が早い人だと好評価を得ることになるかもしれません。

人によっては「要領がいい奴だ」と言われるかもしれませんが、それこそが実は生き延びるために大事なことです。いちいち満点を目指していたのでは、心身ともに参ってしまいます。

30代くらいまでなら満点狙いでもなんとか体力がもったのでしょう。その頃の自分が本当の自分だと思っていると、今もうまくいけばできるはずだと思い込むのかもしれませんが、体力も気力もだんだん落ちてくるのが当然です。

だからこそ、満点狙いなどしていたら体力が追いつかなくなってしまいます。そして、そんな状態を続けると、うつに陥りやすいのです。

ですから、私たち精神科医は患者さんに「完全主義は捨てましょう」「満点主義はやめましょう」と伝えます。合格点に達していればいいと思考転換をすればいいのです。

親の介護で問題になるのは、施設に入れるのは罪だと思い込んで、仕事を辞めたり、自分自身を犠牲にしたりすることです。

親の面倒は子どもが見るべき、デイサービスやヘルパーさんに任せずにできるだけ自分でケアすべきだと考えてしまうのでしょうが、それで必ずしもいい結果になるとは限りません。

実際に、施設に入って他人のケアを受けても親の具合が悪くなっていないのなら、合格点に達しているということです。ちょっとした不満はあるかもしれません。けれども、それでよしとしてもいいではありませんか。

上手な「手抜き」はメンタルにいい

「手抜き」の反対語はなんでしょう。おそらく、「真面目」「立派」と考えるのではないかと思いますが、それは違います。

いい「手抜き」の逆、対極にあるのは「完全主義」です。完全主義は手抜きよりもよほどメンタルに悪く、最終的にはいい結果が出せなくなることが多いのです。

できるかできないかもわからずに完全主義で挑むよりも、いい手抜きで確実にできる道を探す方がはるかに賢いと思いませんか。

そして、この程度までできれば上出来だというように合格点がそこそこ読めてくるようになれば、何をする時でも、今やっている方法より楽な方法があるはずだと気づくでしょう。

家族で在宅介護をしているなら、ヘルパーさんを頼む、デイサービスやショートステイを利用するなど、今、自分たちが行っている介護よりも負担が少なくなる方法があるはずです。

今より楽な方法があるはずだと発想できる人は、何をしても仕事が早く、確実にこなせます。言われたとおりに愚直にやるだけの人は、仕事が終わらなかったり、無理して残業することになります。

介護であろうが仕事であろうが受験勉強であろうが同じことで、このくらいが合格点だろうと見定められる人は、上手な手抜きのできる人。まわりには要領がいいと言われるかもしれませんが、今より楽で成果の上がる方法が見つけられる人なのです。

働き方改革は上手な「手抜き」

最近は、いろいろな業界で働き方改革が進みつつあります。物流業界では、2024年問題が大きな社会課題にもなりました。

たとえば私は映画の世界にも身を置いていますが、かつては朝6時に集合して夜の10時や11時まで撮影が続くというスケジュールがあたりまえでした。

撮影現場はそれほどに過酷な労働条件だったのですが、当然、体を壊す人が後を絶ちません。それでは、素晴らしい才能ややる気をムダにしてしまうだけです。

そんな状況を改善するために、映画制作に関わる人たちが安心して働ける環境を作る目的で2023年4月にスタートしたのが、日本映画制作適正化機構、通称「映適」による作品認定制度です。

映画では映画倫理機構の「映倫」マークが有名です。表現の自由を守りながら、社会的に適した作品であることを示すマークで、この映倫マークがついていない映画は映画館で上映してはいけないという暗黙のルールがあります。

「映適」マークも同様なものを目指していて、作品認定制度の審査で認証された作品で、労働者を酷使して作られた作品ではないと認めるものです。

現場スタッフの労働環境を守るために、労働時間は、準備・撤収、休憩・食事時間を含めて1日あたり13時間以内であるなど、細かなルールが決められています。

医療の世界でも、研修医の働きすぎが問題になりました。

今後も、さまざまな業種でこれ以上働かせてはいけないということになって、人手不足が加速することになるでしょう。

医療業界であれ映画業界であれ運送業界であれ、現場の人たちの働きすぎによって支えられていた業務において、スタッフをこれ以上働かせないという厳しい規制を設けることで、より効率的な仕事をすることが必要になったのです。

世界のクロサワだから許されたこと

かつては映画の撮影現場で、「太陽がこの角度になるまではこのシーンを撮ることはできない」などと監督が言って、時間をいたずらに消費することがありました。けれども近年は、それならCGで修正すればいいという流れになっています。

リアルを追求したいから理想の太陽になるまでいくらでも待つ、撮影スタッフや役者も待たせるというこだわりはすでに許されない時代です。

戦後の日本映画を代表する巨匠、黒澤明監督は、妥協を許さない緻密な演出で有名で、理想のシーンのためにこだわりぬく完璧主義者として知られています。

そう聞くと、まわりのスタッフにかなりの負担をかけていたのだろうと想像するかもしれませんが、それは誤解であって、残業は一切させなかったという話を聞いたことがあります。

「太陽がこの方向にくるまでこのシーンは撮らない」というこだわりがあるために撮影時間は延々と延びるのですが、一方でスタッフが疲れてしまうといい映画はできないという考えなので、余計な拘束はしない。その代わり、撮影日数が延びてしまうことになるのです。

これは、黒澤監督がある時期から封切りがいつとは決まっていない映画を手がけるようになってきたことと、黒澤映画であれば10億かかってもかまわないという前提だからこそ許されたもので、通常ではまず考えられないことです。

映画の現場では、1日撮影日数が延びると、私が手がける規模の映画であっても毎日200万円はかかります。しかも、スタッフや役者のスケジュールは決まっていて、おいそれと延ばせるものではありません。

もともと決まったスケジュール、決まった予算内で撮り終えなくてはなりません。だからこそ、段取りのいい早撮り監督が重用されることになるのです。

「手抜き」の工夫で成果も上がる

今、ありとあらゆる業種で「働きすぎはいけない」というのが大原則になっています。とくに現場のマネジャーあるいは責任者クラスの人は、働かせすぎない管理を厳しく求められます。守れない場合、労働基準監督署に訴えられでもすれば確実に勝てない状況です。

今まで働きすぎていた人は、これまでの意識を転換する必要があります。「働きすぎは美徳ではない」「かえって能率が落ちる」「従業員の心身にダメージを与えて企業も損をする」という意識を持たなくてはならないのです。

先ほどの映画の例で言えば、1日、撮影日数が延びたら余計な経費が200万円かかるけれど、それは致し方ないことなのだと思わなくてはなりません。

さらに問題なのは、たとえ働く時間が短くなったとしても、これまでどおりかそれ以上の結果を出さなくてはならないということです。

つまり、これからの管理職やリーダーは、なんらかのテクニックやテクノロジーなどを駆使して少しでもいいやり方を見つけ出さなくてはなりません。

人を働かせる代わりにロボットを使ったり、ＡＩを使ったり、多種多様な「手抜き」のテクニックを駆使できる人が有能ということになります。

そうした手法は、以前であれば「手抜き」と呼ばれていたようなものかもしれません。けれども、「手抜き」と呼ばれるだけで結果が同じなのであれば、それは悪い意味での「手抜き」ではない、「手抜き」という名の賢い工夫であると私は思うのです。

映画を2倍速で観るのはいけないこと？

今、よくタイパ、コスパという言葉が使われます。日本人は、どうもそれらを否定的にとることが多いように感じます。どこか、揶揄するような風潮があるのではないでしょうか。

たとえば、ネットで映画を2倍速で観たりスキップ機能を使ったりすることが問題になっています。「ふざけるな」「邪道だ」と言われながらも年々増えているようで、もはや若者ばかりではなく、あらゆる年代で行われているあたりまえのことになりつつあります。

私も作り手としての立場からは「勝手に2倍速で観てほしくない」と思って頭にきたりするわけですが、観る側の立場になれば同じ時間で2本観ることができるわけだからありがたいし、そもそもストーリーを追えればいいものもあると思ったりします。作り手の側も2倍速ではよさがわからない映画を作ろうと努力すべきでしょう。

ありとあらゆる形で世の中が進歩していく中で、よりタイパがいいもの、よりコスパがいいものが生き残るのは、ある意味当然のことです。

新しいもの、より便利なもの、より快適なものを意地を張って使わない人もいるかもしれませんが、この先はそんな頑固な頭では通用しなくなるだけでしょう。

効率化から取り残された2つの世界

スポーツの世界やビジネスの世界では、上手に手抜きができて、労力や時間をなるべくかけずに、優れた結果の出せる人が求められる時代になってきました。

けれども不幸なことに、私が長い人生の中で関わってきた2つの分野では全くそれが実現していません。私はそのことを、大変深く憂えています。

ひとつは、受験業界です。

私は長い間、「受験は要領だ」と提唱し続けてきました。そして、確実に成果も上げています。

数学の問題など、2時間かけてもどうにもならなければ、それ以上考えたところで時間のムダです。それどころか、5分考えてもわからない問題は、答えを見てそれを覚えることによって理解した方が圧倒的に効率がいいのです。

さらに、志望校に合格しようと思ったら、すべての科目で100点を目指してすべてを網羅して勉強するより、もっと効率のいい方法を取るべきだと提唱していますつまり、志望校、志望学部の合格者の最低合格点を調べて、それを目標にすればいいのです。

それを書籍化したところ、そんな方法はよくない、いい加減だと批判されてきたわけですが、そもそも受験システム自体、完璧ではないとしていろいろと変化してきています。それなのに、あくまでもできるまで考えるとか、100点を目指して勉強する方法が正しいとする方が、よほど理にかなっていないとは思いませんか。

私は受験勉強こそ、楽なやり方を探していい結果を出すという体験のできる、大切な練習の場と思っています。

ど根性主義はなぜなくならないのか

そういう考えのもと、私は受験勉強法において、いい手抜きのできる効率的な方法をずっと教えてきました。けれども不思議なことに、コスパやタイパを言われる今の時代になっても、私が出版した効率的な受験方法を説く書籍は一向に爆売れしそうにありません。

その方法を指導する通信教育も行っていて、いい結果が出ているのに、受講者数がそれほど増えません。それなら親を通じて、もっと効率的な方法があると子どもに伝えるのがよかろうとはじめたオンライン塾の「親塾」も、内容の素晴らしさに比して入塾者が今ひとつです。いずれも実績を上げているのにもかかわらず、です。

では、今の受験業界でどこが流行っているのかと言えば、ここしばらく変わることなく、中学受験で言えばＳＡＰＩＸ、大学受験で言えば鉄緑会です。どちらも、大量の宿題を出してど根性勉強を押しつける昔ながらのスタイルの塾です。

そんな勉強法が今でも有効かどうか、考えてみればわかるのではないでしょうか。今の企業がそのようなやり方をしていれば、間違いなくブラック企業認定、訴えられて敗訴確定です。

ただし、どんなに効率が悪くても、頭のいい子がど根性勉強をし続ければ、筑駒にも開成にも桜蔭にも合格します。東大理三にも合格できます。

けれども、そういう効率の悪いど根性スタイルで合格した地頭のいい人たちが、社会に出て使いものになるとは限りません。

たとえば東大の理三に進んで全国で100番以内の成績を収めているような大秀才が、大学以降、教授の理不尽な指導の言いなりになって50歳、60歳になるまで金魚のフンのような立場で居続けるのです。その頭のよさを活かして、起業するなり、新しい研究を手がけるなりしてくれれば、どれほど社会のためになってくれるだろうと考えるととても残念に思います。

ど根性勉強をしてきた人たちは上の言うことを従順に聞く能力は極めて高いけれども、発想にオリジナリティがないし、上から言われたこと以外のことをやろうという発想がないのです。

今の社会では、ただ上の言うことだけを聞き続ける優秀な人間よりも、オリジナリティと行動力があって、社会のためになる人材が求められていることは疑いを挟む余地もないでしょう。

それなのに、親はSAPIX、鉄緑会に子どもを行かせようとします。上の言うことを聞いて成果を上げることに満足する賢い子どもたちは、上の言うことしか聞けない偏差値の高いだけの大人になってしまいます。

一流と言われる学校に入ったとしても、社会的には大した成功を収められなかったりするのです。一生、年収1000万や2000万の勤務医で終わったりします。極めて有能で偏差値の高い頭脳の持ち主が、です。これは社会の損失以外の何物でもありません。

受験で失敗した子たちの行く末は

とはいえ、これはもともと賢くて成功した人たちの話です。SAPIXにしても鉄緑会にしても、膨大な量の宿題をさばききれず、塾の勉強についていけない子どもたちが、全体のざっと3分の2以上を占めるとされています。

明らかについていけていないわけですから、普通に考えれば、他の塾に行かせればいい、やり方を変えればいいのですが、そこでなぜか「ビリでもいいからSAPIX」「ビリでもいいから鉄緑会」と考えてしまう親が多く、子どもたちは完全なる鶏口牛後《けいこうぎゅうご》の牛後状態に陥ります。

ところが、鉄緑会にしてもSAPIXにしても、できない子をできるようにするという考えは全く持ち合わせていません。ど根性スタイルについてゆけない子も相手にしていません。もともとできる子に合格を稼いでもらうことで実績を上げていくという発想しかないのです。

その中でついていけなかった子は一生劣等感を持ったまま、しかもど根性しかやり方を知らないまま生きていくことになるのです。

能力があってど根性スタイルで鍛えられた人は、少なくとも学歴は得ることはできます。

けれども、能力がなくてど根性の人たちは、最悪の結果を得た上に、一生劣等感を持って生きるという重い十字架のようなものを背負わされることになります。

「俺、この塾向かないから他のとこ行くよ」とか「和田秀樹ってやつの本を読んで面白そうだからこっちでやりたいんだ」と主張しても、「絶対鉄緑会」「断固SAPIX」という親の犠牲になり、成功体験を得ずにその後の長い人生を歩まなくてはならなくなってしまった子が大勢います。そんな現象を、嫌というほど見てきたのです。

これだけ世の中が、やり方や効率を重視するようになっているのに、いまだにど根性塾はど根性塾のままです。

頭はいいけれど上の言うことしか聞けない多くの子たちは、その後もど根性理論が身に染みついたまま、能力の持ち腐れとなってしまいます。そして、たまたま受験向けの能力を持っていなかった子たちは、激しい劣等感に苛まれながら残る人生を生きていくわけです。

今の教育システムの中で、受験はほぼ避けて通れない関門です。私は受験の世界を通じてうまく手抜きができない人たち、要領よくやることを拒むあまりおかしな道に進んでしまう人たちをたくさん見てきたのです。

真面目であるがゆえに悲劇が生まれる介護

そしてもうひとつ、私が長年関わっている中で、上手に手が抜けないがためにあまりにも多くの悲劇が生まれているのが、介護の世界です。

幸いとでもいうべきでしょうか、受験に関しては昔とは異なり「塾の勉強についていけない」「受験に失敗した」という理由で、自殺にまで至ることは少なくなってきたようです。

メンタルをやられる子はまあまあいるのですが、中途半端にメンタルをやられた方が親が諦めてくれるのでいいのかもしれないと思っているほどです。

けれども、今、本当に多くの自殺やうつ病、最悪、殺人まで生んでいるのが介護なのです。

親の介護が必要になった時、すぐに預け先の介護施設を探せばいいのですが、施設に入れるなどとんでもないと思う人たちがいまだに多いのが現状です。あるいは、せめて公的介護をもっと使えばいいのに、それさえ使うことを渋ったりします。

そうやってうまく手が抜けない人たちが、その後燃え尽きてしまったり、うつになったりしたあげくに、介護自殺、介護心中という悲劇が大量に生まれているわけです。

そんな悲劇が起こってこれほど問題になっているというのに、いまだに在宅介護を日本の美風のように語る風潮はなくなりません。はっきり言いますが、家族による在宅介護が素晴らしいなど、全くの嘘であり、欺瞞です。

在宅介護が日本の美風であるはずがない何よりの証左は、歴史的に、介護などつい最近まで起こり得なかったという現実にあります。戦前まで、日本の平均寿命は50歳に達していませんでした。つまり、昔はいわゆる介護は存在していなかったのです。

確かに、そんな時代でも80歳くらいまで生きた人はいます。けれども、江戸時代に80歳、90歳まで生きようとしたら、栄養状態と衛生状態がよほどよくなければ、いかに丈夫な人といえど無理でしょう。

伊能忠敬は73歳まで生きましたが、そんな時代に長生きした人たちは皆大金持ちです。使用人がたくさんいるのですから、家族が在宅介護をしているわけではありません。

落ち着いて考えてみればすぐにわかりそうなそんな出まかせや根性論を信じ込まされて、介護は子どもの義務だなどと思い込むのは甚だおかしな話です。

いえ、義務と思い込むところまではまあいいとしましょう。けれども、ただただど根性で介護をするばかりで、もう少し楽なやり方を探そうとしないのはどう考えても正気の沙汰ではありません。

子どもの受験と高齢者介護の共通点

「受験」と「介護」、全く違うジャンルのように思えるかもしれませんが、いまだにど根性が幅を利かせ、今の風潮に合わないおかしな常識がまかり通っているという点ではよく似ています。睡眠時間を削るとか、毎日休みなしであるとか、そんな無理強いがあたりまえになっています。

そのような受験勉強を経験した子どもがたまたま東大に入って、企業でそれなりのポジションに就いた時、部下にど根性論を押しつけることになりかねません。そうなるとこれからの時代、パワハラで訴えられてクビになるという末路を辿ることさえあるのでしょう。

「あいつは東大出で自分が根性で勉強してきたから、部下にもそれを求めてパワハラのような行いばかりしているじゃないか。今さらそのやり方を変えられないのは気の毒だけれど、クビにせざるを得ない」という話です。

そして、もっと悲劇的なことに、ど根性で達成感を得てきた親はたいてい自分の子どもにもそれを押しつけるので「教育虐待」などと言われることになります。

一方、私のように要領で過ごしてきた人間は、できるだけ楽なやり方を取り入れた方がいいよと子どもにも教えます。そのおかげか、私の子どもたちはうまく要領のよさを身につけて、ひねくれもせず、上は弁護士、下は医者になりました。なるべく楽にやった方がいいよと言ったことで、今の子どもたちがあると思っています。

介護はその道のプロに任せよう

勉強のできない人の8割から9割は、自分なりのやり方で一生懸命、ただただがむしゃらにやっています。

けれども、たとえばゴルフでボールを前に飛ばせない人が、前に飛ばないやり方で1000球打ちっぱなし練習をしたところで、うまく飛ぶようになるはずなどありません。正しい方法を習ってから練習する必要があるのです。

勉強ができない人ができないやり方のままで1日に10時間勉強したところで、勉強できるようにはならないのです。勉強のできる人に、どんなやり方がいいのかを尋ねるべきでしょう。

そのためには、まずは自分が未熟者であることに気がつかなくてはなりません。介護に関しても同様です。介護については、みんな最初はど素人なのです。だから、自分はど素人なのだと認めて、プロに任せるのが賢い方法なのです。

親を施設に入れるなんて残酷だという人が今でもいるのかもしれませんが、親のためを思えばプロに任せた方がいいでしょう。ど素人がいい方法もわからないまま介護するのは、親に対しても失礼なことをしているくらいに思った方がいいのです。

素人の分際で自分の方がいい介護ができると思っているとしたら、それは大きな間違いであり、思い上がりです。

ただし、愛情を捧げることに関してはプロに圧倒的勝利を収めることができるのですから、自分にしかできないことを精一杯すればいいだけなのです。

家で慣れない介護をして心身ともに疲弊して、愛情を捧げる気力も失ってしまうより、施設でプロに任せた上でしょっちゅう見舞いに出かけて、そこで一緒に楽しい時間を過ごした方が親孝行だとは思いませんか。

ど根性主義から抜け出そう

ど根性論は今時、百害あって一利なし。さっさと忘れるに越したことはありません。

日本は昭和の時代にたまたま高度成長を成し遂げたからといって、そのままど根性主義を続けているうちに、世界で最も労働生産性の低い国のひとつになってしまいました。

いかにコスパのいい仕事をするか、介護をするか、受験勉強をするかとかいうことは今の世の中の基本的な流れですし、そのためのツールがどんどん増えてきています。それなのに新しいやり方を否定して、昔ながらの方法にしがみつくのは時代錯誤だとしか言いようがありません。

たとえば、私が高校生の頃、年間300本の映画を観て東大理三に受かったと言うと、「もともと頭がよかったからでしょ」と言われますが、私がどれだけ受験勉強を効率よくこなすための工夫をしたか知らないくせにと反論したくもなります。

インターネット上に医療者向けの口コミサイトがあるのですが、私はそこで「精神科のくせに内科の話までして、あんなに本をたくさん出版するとはインチキだ」などと書かれているのを発見しました。いやいやそれは医者になってからも、いい勉強の仕方を工夫し続けているからこそできることですよと主張したくもなります。

勉強のやり方を知らない人、ただのど根性で医学部に入って、その後もそのやり方を変えないような人は、一生ダメなまま、ダメ医者のまま、ダメ医療を撒き散らすだけです。

私が64歳になった今でもこれだけ本を書き、医者の世界でも、少なくとも患者を治すということに関してはある一定のレベル以上でいられるのは、学ぶということに関してのやり方を知っているからです。勉強は、受験勉強で終了ではありません。その後も、人間、学び続けることは山ほどあります。

ここであえて繰り返し言いたいのは、「手抜き」というのは単に手抜きに見えることもあるというだけで、効率のいいやり方を知っているために結果は手を抜いていない人よりもいいことが大いにあるということです。

受験勉強がいい例です。手を抜いているように見えても、ど根性主義よりいい結果になることは往々にしてあります。冒頭に書いたように、スポーツの世界はどんどんいい「手抜き」で成果を上げています。もちろん、介護もそうです。あるいは社会人として生きていく、あるいは私のように医者として生きていくにしても、いい手抜きでいい成果を上げることができます。

医療テクノロジーはどんどん進化しているので、医者も常に勉強を続けないことには、知識がどんどん古くなってしまいます。もちろんビジネスの世界もそうだということを、皆さん身をもって感じているでしょう。それなのに、いまだに古い医療を押しつけて得々として患者に命令している医者が大勢いるのが医者の世界です。だから、医者の言うことなど信じる必要はありません。

手抜きのすすめというのは、ただ単に休養しなさいとか、サボりなさいとか、働く時間を減らしなさいということではありません。うまく手を抜いて、今以上の成果を得るのが私のすすめる手抜きです。うまく手を抜くにはそれなりの方法論があるのです。

私が仕事を引き受ける時には、この仕事でいい結果を出すのには、まずどういうやり方がいちばんいいかと考えてから取りかかります。そこが、ただ単にサボる人、結果なんてどうでもいいと投げ出す人との決定的な違いです。

上手に手を抜く人は単にやるべきことをやらないのではなく、やるべきことを減らす、よりいい方法を考えます。今はインターネットで探すことのできる時代ですから、自分なりの方法論を探すとか、うまくいっている人のノウハウを見つけるとか、なんらかの工夫をすることをセットで考えなくてはならないのです。

手抜きの達人を見習おう

「仕事ができるようになりたい」「大学に合格したい」というように目的がはっきりしているのなら、まず、それを叶えた人に話を聞くべきでしょう。塾の講師など、必ずしも志望校の合格者ばかりではありません。宿題をたくさん出して根性を説くなら、誰でも務まるのです。

志望校に合格したいと思うのなら、まず合格した人に「先輩、どうしたら楽して合格できますか」と聞くのがいいでしょう。それも、できるだけ楽そうに合格した人から、です。

楽して受かった人に対して、「この人は地頭が違うんだよな。この人めちゃ頭いいんだ」と思う人と「これだけの時間で受かったということは、何かうまいやり方があるはずだ」と思う人がいると思いますが、私は後者です。

仕事ができる人になりたければ、仕事ができる人にテクニックを教えてもらえばいいのです。もちろん、すんなりと教えてくれるかどうかはわかりませんが。

そう考えると、いつまでも健康で長生きしたいと思ったら、医者の話を聞くよりも、本当に長生きしている人の話を聞いた方がいいのではないでしょうか。医者なんて、大して長生きもしないのが普通です。

最近、百寿者の健康法が明らかになってきています。それによれば、血圧が高い人、やや太めの人、肉をたくさん食べる人が多いようです。

彼らのように、うまく生きている人から学ぼうとせず、うまく生きていない医者から学ぼうとするから、いろいろなことを我慢させられたり薬をてんこ盛りに飲まされたりする羽目に陥ります。

日本では、手を抜いていい結果を出す人を嫌いがちですし、嫌わなかったとしても、「こいつらは自分とは別の種類の人間だな」と思いがちです。

確かに、100まで生きた人は自分とは別の種類の人間かもしれません。けれども、100まで生きるために100まで生きない医者の言うことを聞くより、はるかにためになるでしょう。

もし、100まで生きた医者がいるとしたら、その人の言うことを聞いてみましょう。きっとそこにはなんらかの真実があります。「僕はタバコをやめなかったから100まで生きられましたよ」なんて言ってくれるかもしれません。

今よりもいい方法は必ず見つかる

常に「今よりいい方法があるはずだ」と思える人生観が必要であると、私は強く思っています。

たとえば営業の仕事をしている人がいるとします。全く注文が取れない時に「足で稼げ」というのは古い方法です。

１日１００軒回って成果が出ないなら、１日２００軒に増やせば受注できると考えるのかもしれません。けれども、やり方が悪いから１００軒回ってすべて断られるわけであって、２００軒回っても成果が出ないばかりか、余計ストレスが溜まるばかりでいいことなどありません。

「今よりいいやり方があるはずだ」と発想の転換をしないことには、結果はついてこないのです。

今の時代、情報はいろいろあります。トップセールスマンの営業術のような本を読んで挨拶の仕方を変えるとか、アポイントメントの取り方を変えるとか、笑顔を増やすとか、そんな細かなスキルの中から、自分に足りなかったところを体得するのもいいでしょう。ただ同じようなやり方で努力し続けるより、新しい方法を取り入れる方がずっと目の前が開けます。

そもそも、結果が悪い時にただ努力を増やしている限り、その先もおそらくうまくいきません。たまたまラッキーでいい波が来たとしても、次が続かずにまた同じ悩みを繰り返すだけでしょう。

うまくいかないと思ったらやり方を見直すチャンスです。全く別のやり方を試すとか、違う角度から考えてみるとか、もう少し手の抜けるやり方を探すことが必要になります。そう考えると、それを悪い意味での「手抜き」と言うこと自体おかしいということになります。

場合によってはずるいと言われかねない方法もあります。たとえば先輩が取りこぼした仕事をうまく拾い上げてアプローチをかけるとか、ここを回れば受注できそうだというところを分析してそこだけに手をかけるとか、人によっては邪道だと言うかもしれません。けれども、それもちゃんとした工夫であり戦略です。手を抜いたように見えるかもしれませんが、成果を上げるための真っ当な方法なのです。

手抜き上手は力の入れどころを知っている

いい手抜きとは、ここは力を入れるべきという大事なところを見極めるからこそできることです。

たとえば、私は本を読む時にこんなやり方をしています。

仕事で必要な実用書などの本を読む時、まず、目次をパラパラめくりながら、この中でこの章がいちばん必要、この箇所が自分にとって大事そうという部分を探します。そして、そこはじっくり読み込みます。きちんと読むどころか2回も3回も読んで、内容を覚えて、何かのネタに使えるようにします。

1冊まるまる最初から最後まで真面目に読み通すと、逆に頭に残っていることがほとんどないということにもなりかねません。必要なところだけ拾い読みをして、その代わり、そこはしっかり覚えるという読み方もあるのです。

やらなくてはいけないことがあった時、すべてをきちんとやらなければいけないわけではなくて、ここだけはビシッと押さえておくべきという見極めをするということです。

たとえば人に嫌われたくないばかりに気を遣う人は、すべての人に対して気を遣おうとするあまり、時々抜けてしまうことがあります。そのために、逆に嫌われてしまったりという悲劇が起こります。

ところが、すべての人に全部気を遣うのではなく、この人だけには嫌われてはいけないというように見極めて、その他の人には、これだけは言ってはいけないことは言わないようにする、つまり地雷を踏まないということに意識を向けていると、それ以外は気楽につき合っていても嫌われることはなかったりするものです。

みんなにピリピリと気を遣いながら接していると、それが相手に伝わったり、意外と大事なところが抜けたりして、かえって人間関係がうまくいかなくなることもあるのです。

第2章

手抜き上手になるために今すぐ実践したいこと

「よく寝て、よく休み、よく頼る」が手抜きの基本

それでは、日常生活の中でいい手抜きの工夫ができるようになるためのちょっとしたヒント、コツをお教えしましょう。

いい手抜きをするための前提条件として大切なことが、まず、体調を整えることです。

人間は体調がいい時、十分な睡眠がとれた時、疲れが残っていない時の方が気持ちに余裕がある分、気が利いたり、頭が働いたりするものです。

日常生活のパフォーマンスを上げるためにも、時間に余裕はできるだけあった方がいいでしょう。仕事を早く終わらせるためには、大事なところだけ一生懸命やって、あとはまあまあいい加減にやって、体力を温存することが意外に有効です。

疲れが出やすい時、集中力が続かないのを感じた時、いや、自分はもっと頑張れ

るはずだ、一時的に体力が低下しているだけだと思って、もっと頑張ろうとしてはいないでしょうか。

年齢とともに明らかに体力は落ちてきています。まず、今の自分の体力がどの程度になっているのかを自覚する必要があります。

そして、なんでも自分ひとりでやろうと思わず、誰かに助けてもらう、何かの力を借りることを悪いことと考えないようにしましょう。

結果さえよければ、そこに至るまでの道のりは重要ではありません。たとえて言うなら、目的地に着くのに必ずしも自分の足で歩かなくてはいけないことはなくて、タクシーを使ってもいいし、誰かに頼んで車に乗せてもらってもいい、車椅子でもかまいません。

できるだけ快適な方法を探すためにも、人の力は積極的に借り、楽になるための道具は使うようにしましょう。

長所を見せよう

もしも将来、今よりもっと年をとって足もとがおぼつかなくなったら、無理して自力で歩こうとするより杖を使いましょう。音が聴こえにくくなったと思ったら、補聴器を使えばいいし、トイレが近くなったらオムツを使えばいいのです。

できなくなったことを認めたくなくて、なるべく頼らないようにしようとするより、便利なものを上手に受け入れられる人の方が現役でいやすいのです。不便を解消してくれるグッズはいろいろとあるので、何かができなくなることをあらかじめ恐れすぎる必要はありません。

自分の欠点ばかりに目が向いて、それを直さなくてはいけない、人から見られて恥ずかしいと思う人が多いのですが、他人はそれほど見てはいません。

人間誰にでも長所があります。ちょっとした欠点を気にして反省するより、長所を見つけて伸ばすようにすればいいし、他人には長所だけ見せていればいいのです。どんな素晴らしい人だって、ダメダメなところはあるのでしょうが、見せていないだけなのです。

私もこれまでにたくさんの書籍を出版してありがたいことによく売れるようになっていますが、そうは言ってもなかなか売れない作品もあります。けれども、評判のいいものだけが目立つから生き残っていられるのです。

「あの人はすごい」「それに比べて自分はダメだ」と悲観することはありません。素晴らしいと感心させられる人は、長所の見せ方がうまいのです。

できることから先にやる

あれもこれもしたいと思っても、体力には限界があります。若い頃に比べて疲れやすくなっているのは事実なので、ずっと頑張っているのはつらくなるでしょう。「今日は思い切り休むぞ」というように、何もしない日があっていいと思います。私も、意識的に今日は休む、何もしない日にすると決めて休養することはよくあります。

本当はいろいろと予定があったのに、なぜか気が乗らず、何もしないで過ごしてしまったという日もあるかもしれません。夜になって「ああ、今日は大したことはしなかったな」「もっと有意義なことができたはずなのに」と考えて落ち込む日もあるかもしれません。けれども、本当は何かしら仕事をしているはずです。やらなかったこと、できなかったことばかりが目立ってしまうのです。

やるべきことに軽重がある時には、自分の得意なことから先にやってしまうといいでしょう。できること、成果が目に見えることから先にやると、やったという実感が湧いてきます。

受験生には、よく「得意科目を先にやれ」と指導してきました。時間が余ったら苦手科目をやればいい。そうしないと、勉強のノリが悪くなるのです。

何もしなかった日が生まれるのは、嫌な仕事から先に片づけなくてはいけないと思って、それに時間を取られてしまうからではないでしょうか。

何もしなかったのではなくて、それは気分の乗らないこと、あまり成果の出ないことに時間を割いたから。まず、何かできそうなことから手をつけましょう。

100点の日もあれば80点の日もあっていいのです。完璧ではなくとも、一応ここまではやってるのだから合格点と思えばいいのです。

昔はよかったと思わない

年をとるにつれて、「昔はよかった」と言う人が多くなります。けれどもたいていの場合、本当に昔がよかったと言っているわけではありません。体力があってやる気に満ちていた自分をよかったと感じているのです。

年齢によって体力が落ちた分だけ要領がよくならないと、生産性は上がりません。若い頃の仕事は体力勝負というところがあったかもしれません。けれどもだんだんキャリアを積むうちに、コツを掴《つか》む能力が上がってゆきます。それが、ベテランと言われる存在です。

体力や根性で物事を片づけようとしていた人も、ある時期からはシフトチェンジが必要です。体力や根性がなくてもできる方法を見つけていくべきです。そのためには、コツを掴む能力、うまく人の手を借りる能力を身につけていく必要がありま す。それはテクニックであり、いい手抜きです。

やる気に自信を持っていて、パワーや勢いで押し切るのは、ある年齢になったら決して褒められたことではありません。それを人に押しつけようとすれば、パワハラ、モラハラにさえなりかねないのです。

明日の自分に期待する

人間誰しも、ノリのいい日があれば悪い日もあります。どうしても今日はノリが悪いという日は、仕事をしない、またはのんびりやる、思い切り手を抜くと決めるのもありでしょう。今日はもういいから、明日の自分に期待しようと思ってもいいでしょう。

年齢に関係なく、ノリの悪い日は誰にもあるものです。ただし、たいていの場合、ノリが悪いのは苦手な仕事やつまらない雑務をしている時ではないでしょうか。気の進まないことは後回しにしましょう。まず、やりやすいことから片づける。仕事の場合、気が乗らないことを後回しにしているうちに、結果的に自分がやらなくてすむことになるかもしれません。

誘われたけれど今は会いたくないと思う人には、いつまでも嫌だと思わず、「今、どうしても忙しくて残念」「しばらくしたら時間ができるからまた連絡してください」と明るくかわしましょう。そうこうするうちに、角が立つこともなく会わずにすむようになったりするものです。

何を優先するか、何を後回しにするかの順位づけが大切です。嫌なことを先にすませようという心がけは立派ですが、そこでつまずくと先が続かなくなります。

気が乗らないことばかりやっていると、できることまでできなくなってしまうだけです。ですから、できること、気分よく進められることから先にやった方がいいでしょう。

天才のやり方を知ろう

たとえば私が『数学は暗記だ！』という本を書いた時、「最初から最後まで考えないと考える力はつかない」と主張する人からかなり叩かれたものです。

確かに、3時間かけてようやく答えに辿り着くことができた人は、力も自信も身につくかもしれません。けれども、最後まで解けなかったとしたら、いくら時間をかけたとしても力は全くつきません。それに費やす時間は、ムダ以外の何物でもないのです。

そんな場合には、最初から答えを見た方が力をつけることができます。考えるにしても、考える材料がなくて方法もわからないのであれば、いくら考えたところで絶対に答えは導き出されません。解法パターンをたくさん覚えた方が、最終的には考える力が身につくでしょう。

将棋や囲碁もそうです。棋譜を覚えないで強くなれるかと言えば、それはあり得ないと誰もが思うでしょう。藤井聡太さんだって、死ぬほど棋譜を覚えたからこそあれほど強くなれたに違いありません。

人の世話になることを嫌がらない

人の世話にはなりたくない、という人がいます。一見立派なことのようですが、果たしてそうでしょうか。助けてくれる人は大勢いればいるほどいいものです。助けてくれる人がいるというのは、人徳のなせる業でもあるのですから。

自分は人の世話にはならないと頑固に言い張って、最後の最後に切羽詰まってもうどうにもならないというところになって助けてほしいと求めれば「なぜもっと早く言わなかったのか」「今さら面倒だ」となるだけです。

助けてくれる人や世話してくれる人がいるとすれば、相手もそれを嬉しいと思ってくれているのです。人間、進んで人の助けになれることには喜びがあるものです。だから、助けてくれようとする人がいるのであれば、進んで助けてもらいましょう。

もちろん助けてくれる人がいないという場合でも、自治体には利用できる制度があります。制度や公的サービスを知っていれば、助けてもらえることはいろいろとあるはずです。できるだけ早いうちに助けを求めた方が、気持ちよく手を差し伸べてもらえるはずです。

失敗しても「人生いろいろ」

何かをはじめる時に、最初から成功させなければいけないと思うのは、ある種の完全主義なので苦しくなりがちです。

失敗したらまたやり直せばいい、別のやり方を探せばいいと思っている人は、なんでも気楽に手を出すことができます。

気楽に手を出す人は「いい加減」「手抜き」と言われることもありますが、気楽に手を出した方が最終的に成功していることが多いものです。

自分のやり方が正しい、自分が正しくて相手が間違っていると思うと、自分のやり方を変えることができなくなります。「自分の説は曲げたくない」「考え方を変えたくない」と思うとうまくいかないことが増えます。すると、努力しているわりに答えが出ない、成果が出ないと不満ばかりが募るでしょう。

あれがダメだったらこれがあるとか、こっちがうまくいかなければ別の道を探せばいいというように柔軟な考え方をして、「人生いろいろ」と思えるようになると楽になります。

軽いノリで趣味を見つけよう

「趣味がない」「面白いことなんて見つからない」「何をやってもうまくいかない」という人は多いものです。定年後、60代くらいになるととくにその傾向があります。

けれども、今のご時世、趣味の候補になるものは100種類、1000種類とあるはずです。ゲームでもカラオケでも、英会話でもお稽古でも、探せば限りなく出てくるはずです。

「何もない」と言っている人はきっと、新しいものに目を向けず、自分が今まで見聞きしたものの中から探そうとしているのではないでしょうか。それでは、見つからなくて当然です。自分が知っている範囲のものは、今まで趣味にしてこなかったものばかりなのですから。

ゲームであってもカラオケであっても、やり方や種類はどんどん増えています。以前はあまり気乗りがしなかったとしても、また新しいものを探してみて、とりあえずやってみるのもいいでしょう。

「三日坊主はいけない」「石の上にも三年」などと言って我慢を求める人もいますが、3日やってみてつまらないことはたいていつまらないものです。はじめはつまらないと思っても、できるようになるにつれて面白くなることもあるじゃないかと言われるかもしれませんが、確率的には低めです。

これは違うかなと思ったらまた次をやってみればいいでしょう。三日坊主も大歓迎です。そうやっていろいろ試してみれば何かしら見つかるはずですし、いろいろなものに手を出してみること自体がいい経験になります。

仕事は楽しくほどほどに

年をとればとるほど、つらい仕事や苦しい仕事はなるべくやらない方向にもっていく方がいいと思います。もちろん、何が自分にとってつらいか、苦しいかは人それぞれなので、どんな仕事がいいかと一概に言うことはできません。

たとえば自転車に乗ってウーバーイーツで働く人からは、「全くつらいとは思わない」「気楽で楽しい」「めっちゃ爽快」という声を聞きます。けれどもその一方で、夏は暑いし、冬は寒いし、時間に追われて自分にはとても無理だと思う人もいるでしょう。

宅配便のドライバーやタクシーの運転手にしても、「ひとりの時間があって気楽」「いろいろなところへ行けて楽しい」「運転大好き」と言う人もいれば、お客さんに罵倒されてすぐ嫌になってしまう人もいます。

つらいと思って仕事をするのは、もうやめにしましょう。今の仕事の好きなところを探して、嫌にならない程度、ほどほどに働きましょう。

今は空前の人手不足です。すぐに仕事は見つかります。合わないと思ったら、すぐにやめてしまえばいいくらいの気持ちでいた方が心が楽になるはずです。

無理そうな仕事は引き受けない

無理な仕事を引き受けないというのはあたりまえのことのように思いますが、意外とできるような気がして安請け合いしてしまったりすることもあるのではないでしょうか。

上手に手が抜ける人は、自分の実力がよくわかっている人です。これならできる、ここまではできる、これは無理だと判断するのは大事です。これまでの経験から、大体のところはわかっているのではないでしょうか。

考慮すべきなのは若い頃と同じ熱量では働けないということ、そして無理して引き受けない方がいいということです。これは無理かもしれないと直感的に思ったら、手を出さないようにすべきです。

「無理そうだけれど頑張ってみたらできるかも」というワクワク感を大切にしたい

のはもっと若い頃の話であって、今となってはストレスを溜めるだけになってしまいがちなのです。

成長を求めなくてもいいんじゃない？

若い頃にバリバリ働いて成果を上げてきた経験から、何事も一生懸命、とことん頑張るのがいいという考えが身に染みついている人もいるのではないでしょうか。けれども、もうバリバリ働くことがいいことだという価値観からは卒業しなくてはいけないない時期が来ました。はっきり言いましょう。お金をもらった分だけ働けばいいのです。

ある年齢以上になったら、働き方への考えも変えるべきです。もっと出世したいとか、会社に貢献したいとか、生きがいを求めようというよりも、まず「給料の分だけ働く」という考え方に徹するのです。

もちろん、運よくその仕事がとても楽しくて、やりがいがあるというのならそれはそれでいいでしょう。ただ働いているだけで幸せだというなら何よりです。けれども、年齢を重ねるほどに、そうでもない仕事に当たってしまうことも多いのではないでしょうか。

仕事を通じて何かを得る、成長することを喜びにして働いてきたかもしれません。もちろん、いくつになっても成長はできます。けれども、もはや仕事を通じて成長することを必ずしも求めなくていいのです。

人を褒めれば人望が得られる

60歳で定年を迎えたら、今は定年後再雇用契約を行うことが多いでしょう。収入は激減したのに業務内容は変わらないと愚痴る人も多いのですが、その際に見直すべき点に後輩とのつき合い方があります。

経験を積んできた身だからこそ、後輩や若者たちを正しく導かなくてはならないと使命感に燃えてしまいそうなら、考え直した方がいいでしょう。再雇用というのは、言ってみれば半分くらい戦力外通告のようなものです。少なくとも、まわりからはそう見られているかもしれません。

そんな時に後輩たちの指導をしても、煙たがられるだけです。たとえ若手に目に余る行動があったとしても、注意して嫌われ役を買って出る必要はありません。

何をすればいいかというと「いいところを探して褒める」、これに尽きます。ちょっとでも伸びているところがあれば「よくなってるね」と褒める。頑張っている姿勢が見られたら「すごいよ」と褒める。

間違っても「今の若い者はなってない」などと言わず、「若いのに偉い」「若い世代の頑張りは素晴らしい」と声をかけましょう。そうすれば若者たちからも「理解のあるいいおっさんだな」と思われて居心地がよくなります。これで若者たちのモチベーションが上がれば、中間管理職たちからも喜ばれます。

もう誰と張り合う必要もないのですから「あの人は再雇用の身なのにカリカリしている」と思われるより、「あんな感じのいいおっさんになるのも悪くない」と思われる方が評価は高まるでしょう。

手抜き的な発想ができる人は、無理して頑張るのではなく、ある意味楽な道を選んでいるので、心にゆとりが得られてギスギスしません。

高田純次のような生き方をしていると、あまり他人に対して厳しくなりません。むしろ、おおらかに接していて、その余裕感が好かれる理由なのです。

ある程度の年齢になったら、仕事にしがみついたり、自分を偉く見せようとする人よりも、余裕を持って人のいいところを見つけられるような人の方が尊敬されるものなのです。

自分の責任にならない仕事は気楽に手を抜こう

なんの問題もなく、楽に、簡単に手を抜けるかどうか。それは仕事の責任の所在によるところが大きいでしょう。

最終的な責任者でないのならば、何かしらうまく手を抜ける道はあるはずです。

たとえばなんらかのプロジェクトに関わっているとして「このままではまず仕事が終わらない」と感じたとしても、自分が責任者でもなく、自分のせいでもないと思えるのなら、そこで自分が無理をする必要などありません。

うまく進まなかったということは、どこかに原因があるわけですが、それを追及して改善するのは責任者の仕事です。もし善意で無理してなんとか解決してしまったら、その次からも無理な仕事が回ってくることになりかねません。

このまま終わらないと自分のせいになりかねないと感じたら、最悪、他の人に責任を押しつけられるように持っていく手腕も必要になります。

もはや、正攻法だけで仕事をうまくこなすことができるとは限りません。うまく手を抜いて、自分が余裕を失わない方法を探すべきです。

要点を先に伝えると楽

仕事の中味には、大事なこととそうでもないことがあります。つまり、絶対に忘れてはいけないことと、まあ忘れてしまってもいいことがあります。

だから、どうしてもやるべきことから順番に片づけた方が断然いいのです。「これは明日に回してもいい」「他の人に任せてもいい」と思えるものが最後に残るようにしましょう。そのような段取りのうまい人が、手抜き上手なのです。

人に何かを伝える時、メールにしても口頭にしても、一から十まで伝えようとすると話が冗長になって、かえって何が要点かわからなくなることがあります。意図がうまく伝わらず、相手が誤解してしまうこともあります。

ですから、優先順位を考えましょう。大事なこと、伝え忘れてはいけないことを先に訴えるべきです。

優先順位を考えること、これだけは手を抜いてはいけないところを見極めること、合格ラインはこの辺だと当たりをつけることができる人は、多少手抜きをしても仕事ができる人だと評価されます。

その視点で見てみると、何も考えないで生きている人が意外と多いことに気づかされるのではないでしょうか。上から言われたとおりにコツコツと地道に仕事をやっていれば、自分で頭を働かせなくても、しっかり働いている気になったりするものです。

本人は「俺は真面目ひとすじ」「絶対に手を抜かない」「自分は愚直に頑張ることのできる人間だ」と思っているのかもしれませんが、実は自分で考えることを放棄しているだけ、と考えられるのです。

中途半端でいいから締め切りに間に合わせる

何事も、やるべきことを先送りにした方がよくできるような気がする人もいるかもしれません。これも、日本人ならではの完璧主義が原因になっていることが多いのです。

自分の仕事をきちんとこなそうとするあまり、必要以上に時間をかける人もいます。どうやって進行するべきか着手する前に計画を練りすぎたり、もっといいものができるはずだとリサーチに時間をかけたり、いいひらめきが訪れるかもしれないと期待し続けるうちに、どんどん時間は経ってしまいます。しかも、やること自体はなかなか進みません。

そして、最終的に締め切りや納期に間に合わないという事態が起こるのです。

けれども、仕事においては締め切りや納期を守ることの方が大切です。どれほどいいものができたとしても、期限内に終えることができなければ話になりません。そうして、仕事上の評価を下げることになってしまうのです。

何もかも完璧に仕上げようと頑張る必要はありません。ほどよく手を抜くことを悪いことだと思わず締め切りに間に合わせることを第一に考えた方が、仕事での評価も上がるはずです。

部下に仕事を任せるようにＡＩに任せる

これからは、至るところでＡＩが応用されるようになるでしょう。「そんなものは信じない」などと思っても、もはやこの流れは加速するばかりで止まるわけがありません。抵抗するよりも、うまい使い方を見つけるようにした方がいいでしょう。

ＡＩを使って文章を書くのがあたりまえになる時代は、近い将来必ず来ると思います。学術論文などでは審査の際に問題になるかもしれませんが、パンフレットの文章を考える時など、部下に下書きを任せるようにチャットＧＰＴに任せるのは楽でいい方法なのではないでしょうか。

出来上がったものに違和感があるかもしれませんが、気に入らない部分はあとでちょっと手直しすればいいだけのことです。

楽な方法があればまず取り入れましょう。今時、英文の翻訳の仕事を頼まれて、機械翻訳を使わない人などいるのでしょうか。出始めの頃は抵抗があったかもしれませんが、結局、なくてはならないものになりました。チャットＧＰＴもそのようになる可能性が高いのではないかと思います。

新しいものに抵抗を覚えたり、拒否反応を示したりする人もいますが、それでいいことなど何もありません。今より楽ができそうな方法を探すためには、新しいものは積極的に試してみるべきです。

うまく手を抜ける人は、情報をうまく収集して、常に新しいものに挑戦して、物事をよく考えているものなのです。

失敗してすぐに謝ると評価が高まる時代

「謝るのはカッコ悪い」「頭を下げたら負け」などという間違った考え方にまだとり憑かれている人もいるのではないでしょうか。

でも、昨今の炎上事件などを見ると、謝るのは早い方がいい、潔い方がいいということがわかるはずです。もはや、謝れば許してもらえると思っていろいろなことをやってみた方がいいと思います。

失敗しないようにといくら気をつけたところで、失敗する時はするものです。だから、「謝りたくない」という考え方は甘いとしか言えません。家庭内でも仕事でも友人関係でも、試しに明るく謝ってみましょう。意外と好感触を得られるのではないでしょうか。

面倒な集団は避ける

ある集団に入ったところ、悪口ばかり言う人がいたとします。気分が悪くなるかもしれませんし、聞いていることで罪悪感を覚えるかもしれません。でも、そこでやっていることは楽しい。さあ、どうしたらいいのでしょう。

結論から言うと、どんなに悪口を言う人がいても、自分が被害者でなければ気にしなくていいととらえていいのではないでしょうか。一緒になって悪口を言って楽しめるのなら、それでもいいでしょう。要は、自分が嫌になるかどうかだけです。

そして、自分が面倒ごとの標的にされたと思ったら、さっさと離れればいいだけです。そして、他の楽しみを見つけましょう。

自分の生活の範囲内でのめり込めるものがあれば幸せ

何かのめり込める対象があるのなら、思う存分のめり込むのもいいと思います。ある年から急にオタクになって、全国鉄道巡りをしようとか、ラーメン屋を50軒回ろうとか、フィギュアを集めようとか、楽しめることが見つかるのなら幸せなことではないかと思うのです。

ただし、ギャンブルと犯罪に関係するようなこと以外、という条件付きです。もちろんギャンブルに限ったことではありませんが、のめり込んだ結果、自分の生活が危なくなるということがいけないのです。

ギャンブルの他、ホストクラブ通いやキャバクラ通いも最近何かと問題になります。

とはいえ女性の場合、金持ちだった夫が亡くなって10億円くらいの財産を残してくれたなどという場合、1日100万円くらいなら余裕で使えるというのであれば、ホストクラブもいいのではないかと思うのです。

新宿歌舞伎町に「愛本店」という老舗のホストクラブがあります。ホストクラブの元祖ともいうべき存在で、創業者の愛田武社長は、社会的地位の低かった世の女性に夢を与えたいという信念の持ち主でした。

男性にはいろいろな楽しみ方があるものの、女性は家庭に押し込められて、我慢することが美徳でした。そんな女性たちにも楽しみを与えようという愛田社長の考えは立派だと思います。

お金持ちの未亡人がお金を使うこともなく寂しく死んでいくより、人生を楽しむことにお金を使った方がいいと考えたのでしょう。寂しい女性に夢と幸せを与えているという自負があったはずです。

けれども、今のホストのやり方は目に余ります。お金を持っていない相手から巻き上げ、金が尽きれば風俗に売るというやり方が真っ当な商売の方法とは言えません。

つまり、のめり込むのがいけないのではなくて、自分の許容範囲を守れるかどうかです。

ホストに入れ上げるにしても、資産家の女性が1日100万までにしようとか、週に1回500万思い切り使おうとか、自分の持つ資産の範囲で問題がないならどんなのめり込み方でもかまわないでしょう。世間からは非難されるかもしれませんが、その刹那、シャンパンタワーが楽しければそれでいいではありませんか。

ギャンブルにしても、たとえば1回10万までしか使わないというように、自分の生活が破綻しないように決めてやるのならかまいません。けれども、ギャンブルは、何よりタガが外れやすいので危険なのです。

それを考えれば、鉄道オタクやフィギュア集めは、大してお金のかからない、リスクのない素晴らしい趣味です。無類の昆虫好きとして有名な養老孟司先生は仲間たちと毎年昆虫採集に行くのですが、幸せそうだと羨ましく思っています。

楽しいことを趣味と呼ぼう

のめり込むレベルまでの趣味をいきなり見つけるのは大変かもしれません。けれども、趣味というのは深さを競うものでもありません。ちょっと楽しいとか、気分がいいとか、そんなものでも立派な趣味です。

たとえば家の近くを散歩して、気持ちのいいカフェを見つけたら、そこでゆっくりコーヒーを飲む。センスのいい雑貨店を見つけたら、何かひとつ買って帰る。外を歩けば、季節の植物も目に飛び込んできます。空に珍しい形の雲を見つけたら、スマホで写真を撮ってみるのもいいでしょう。

そんな身軽な街歩きも素敵な趣味です。何かを見つけたいと思ったら、まず、外に出てみることをおすすめします。

ボランティア活動の落とし穴

人のために何かをすると、人間、充足感を得ることができるものです。ボランティア活動によって喜びを得られるという人は、参加してみるのもいいことです。

ただし、ボランティア団体というのは不思議なことに集団のボスのような人が生まれやすく、人間関係が面倒になりがちなのです。

「困っている人がいるんだから我慢」「いいことをしているのだから文句言わない」と多少の理不尽には目を瞑りがちなのですが、それがボランティアの落とし穴。

面倒なことがあったらさっさとやめるくらいの気持ちでいたいものです。

人のためになることといっても、自分がストレスを抱え込んでしまっては本末転倒です。ボランティアというのは、自分自身に余裕がある時に行うものなのです。

ボランティアをすること自体、しょせん自己満足に過ぎないと言われることもありますが、自己満足は決して悪いことではありません。ただし、その自己満足を人に押しつけないことが必要なだけです。

自分がいいと思うことを人にも教えたいというのは、無邪気な善意のように思うかもしれませんが、大人になってのそれは自分の価値観の押しつけにしかなりません。

医者にも同様のことが言えます。いかに患者さんのためを思ってのことだとしても、自分の主張を患者さんに押しつけるのはよくないと思うのです。

健康になりたいからといって医者の言うことをきっちり守らなくてはならないと思うと、かなりのストレスになるでしょう。健康を考える時にも、手抜きの精神は必要なのです。

引越しするなら終の住処と思わずに

年齢とともに家族構成も変わり、広い家から狭い家に住み替える、あるいは街中の便利なところに住み替えるという選択肢も出てくるでしょう。

残りの人生を新しい家でずっと過ごすかもしれないと考えると、引越しにも慎重になります。もしずっと憧れだった田舎暮らしをはじめたいと願ったら、一生をこの地で終えるのだという覚悟を持たなくてはならないと思うかもしれません。

けれども新しい生活が合うかどうかは、実際に体験してみなくてはわかりません。これは合わないと思ったらさっさと戻ろうという心構えでいた方がいいのです。

都会で暮らすのが性に合う人もいれば、自然に囲まれて暮らすのが気持ちいい人もいます。いずれにしても住むところを変える時には、新しい環境に馴染めなかった時に帰りやすいようにしておくべきです。

高齢者がうつになる原因のひとつに「転居うつ」があります。どんな環境でもすぐ馴染んでしまう人がいる一方、なかなか新しい暮らしに慣れず、うつになってしまう人もいます。もちろん、人によって、場所によって、条件によって、うまくいかないことは誰にでもあります。

そんな時にはすぐにまた引越しできればいいのですが、たとえば田舎暮らしの場合、新しく購入した家の処分に困ったりすることは往々にして起こり得ます。今後の人生プランを深刻に考えすぎる必要はありません。もし、田舎暮らしに憧れがあるのであれば、ちょっとした「田舎暮らし体験」くらいからはじめてみるといいでしょう。

田舎暮らしばかりではありません。逆に、便利な都会のマンションに引越したけれど、どうにも落ち着かないということもあり得ます。

事前にどれほど慎重に考えて準備をしたところで、ありとあらゆることには失敗や不測の事態がつきものです。うまくいかなかったら住み慣れた地に戻ろう、ダメだったらまた別のところに行こうという気持ちでいましょう。

ただし、物件を購入して、また引越しとなれば、金銭的な問題も生まれます。新しい物件を購入する際はそれが売却しやすいか、賃貸であればすぐにも再度引越しできる余裕があるかというところまでは考えておいた方がいいでしょう。

住むところを変えること自体は気楽にやってみればいいのですが、うまくいかなかった時の準備もしておくことをおすすめします。

無理な断捨離はしなくていい

終活へ向けて、断捨離をしなくてはいけないと思っている人も多いのではないでしょうか。

確かに、不要なものが多すぎて身動きがとれなくなっていることもあるでしょう。物が多すぎて必要なものが探せないとか、ごちゃごちゃしていて落ち着かないのであれば、すっきり暮らすために整理するのはいいことです。

けれども、断捨離は一度はじめると物を捨てることが快感になって、どんどん捨てたくなってしまいがちです。その結果、必要そうなものまで処分してしまいたくなります。

気持ちよく捨ててしまったけれど、あとになって必要だった、捨てなければよかったと後悔している人も意外と少なくありません。後悔は大きなストレスにつながります。

捨ててしまったものは、もう戻ってきません。一方通行的な行為は、基本的にやらない方がいいと思うのです。

どうしても断捨離したいなら、近所のトランクルームを借りてそこにいったん預けておくのもいいのではないでしょうか。ないと困るものというのは必ず存在します。何年も使わなくても、ふとした拍子にあれが欲しいと思うこともあるのです。

年をとればとるほど、家がきれいでないといけないという強迫観念からは逃れた方がいいのです。ちょっとのごみやほこりで人は死にません。

近隣から「あの家は臭い」という苦情が寄せられるほど外見からして乱雑な、認知症の高齢者がひとりで暮らす家に訪問診療に出向いたことがあります。家の中は見事なまでのごみ屋敷でした。それを見た私は、人間、どんなに汚いところに住んでいても元気でいられるのだと感心したものです。

この場合は近隣に迷惑をかけていたわけですが、迷惑さえかけていなければ、片づいていなくたっていいではありませんか。人を呼ばなければいいだけの話です。自分の居心地を優先して暮らすことを第一に考えていいのです。

毎日毎日朝晩掃除、ちょっとのほこりも許せないという人がいたら、それこそもっと手抜きした方がいいと言いたいのです。

もちろん、掃除が大好きで、きれいにすることで楽しくなるし気分も大らかになるというのならそれは素晴らしいことです。それは趣味の域です。安くて結果も目に見えやすい素晴らしい趣味です。

けれども、きれいにしなくてはならないと思い込むと、さまざまなことが気になってストレスは溜まり、他人に対しても厳しくなってしまいがちなのです。

掃除は週に2回というように決めておいた方が精神的には楽になるのではないでしょうか。床の掃除はロボット掃除機に任せてしまうのもいいでしょう。ロボット掃除機はとても有能なので、安心して掃除を任せられます。これこそ賢い手抜きの方法です。

タイパを意識して楽な生活

今、コスパと並んでタイパという言葉が使われるようになってきました。タイムパフォーマンスの略で、時間対効果という意味です。

私は基本タイパはいい方がいいと思っています。勉強法でも、なるべく余計な時間をかけずに点数が取れる勉強法を指導してきました。ムダに流れる時間はもったいないと思っています。

惰性でテレビをつけているということはありませんか。でも、せっかく見るのであればしっかり見た方がいいのではないでしょうか。

ちょっとした出費で成果を得られることなら、さっさと解決してしまいましょう。

なんとなくテレビをつけているけれど、別に見たいテレビ番組があるわけではないというのなら、YouTube やネットフリックスなどの配信サービスの中から、自分に合うものを探してみませんか。YouTubeでCMが流れるのが気になるというのなら、プレミアム会員になればCMを見なくてすみます。

設定するのに自信がないなら誰かに頼んでもいいのですが、これもいい機会と前向きにとらえて、あれこれ調べながらやってみるのも価値があります。途中でどうにもならなくなった時に、誰かに助けてもらえばいいのです。

娯楽に関しては、「面白いとは思わないけど」などと言っていてはもったいない。楽しむための娯楽ですから、自分が本当に楽しめて、時間を有意義に使えるコンテンツを探すべきです。

私はテレビのバラエティ番組には基本ろくなものがないと思っている方なので、DVDを探すか、ネットフリックスやアマゾンプライムなどを契約するのがおすすめです。あるいは、古典や新作の落語を見るとか、昔の漫才を見るのもいいでしょう。上質なお笑いは、メンタルヘルスにもいい影響があります。

最初はちょっと手がかかるかもしれませんが、その後はただつけているだけでいつでも満足できるものに出会えるわけですから、結果的には賢い手抜きになるのです。

何をしているのかわからない時間を作らない

「今日もムダな時間を過ごしてしまった」「一日何をしていたか思い出せない」という日があるかもしれませんが、それはちょっともったいないかなと私は思います。

といっても、一日中意義のあることをしなくてはいけないとか、仕事や家事を徹底的にやらなくてはいけないということではありません。

今は娯楽の時間だからテレビを見ているとか、今は休養の時間だからソファでゴロゴロしているとか、意識的に行っていればいいのです。

テレビをつけたままにしていて、とくに興味があるわけではないけれど見ているような見ていないような状態、それでいて体を休めているわけでも頭を休めているわけでもない状態などは、時間がもったいないし疲れるだけです。

娯楽の時間は娯楽の時間、休養の時間は休養の時間と意識するといいでしょう。もちろん、今はぼんやり体と心を休める時間というのもあっていいのです。けれども、「あれをしなくちゃ」と思いながらダラダラするのはストレス解消になりません。それなら「今は気が乗らないから休養の時間」と意識してしっかりダラダラすれば、そのあとの切り替えもスムーズになるでしょう。

そして、もし家にいるのがつまらない、なんとなく時間が過ぎてしまうという時は、とりあえず外に出てみるのがおすすめです。散歩でも買い物でもちょっとコンビニまでのつもりでもいい。時間に余裕があるなら、目的も決めずに電車やバスに乗ってみるのもいい。そうやって何か行動を起こすと、何かワクワクすること、興味を惹かれることが見つかるかもしれません。

何を着ようかと悩みすぎない

仕事できちんとした格好をしなくてはいけない、子どもの学校行事だからちゃんとした服にしようなど、これまではＴＰＯに応じて服を着ることも多かったでしょう。けれども、時代的にも年齢的にも、服装に関する制限が少なくなってきたのではないでしょうか。

それこそ、フレンチレストランに行く時に、多少ドレスコード的なものを考えるというくらいかもしれません。

いつも同じようなものを着ていると思ったら、これまでとは違うものを試しに着てみるといいでしょう。50代、60代のお手本コーディネイトを参考にするというような、型にはまった発想は必要はありません。

人の目を気にする必要もなければ、年齢相応の格好を心がける必要も、若見えを狙う必要もありません。「いい年してそんな格好するなんて」と言われることを恐れる人は、これまで自分がそんなことを他の人に感じていたのかもしれません。でも、それももう関係ないよと思いましょう。面倒なことは考えず、自分が着て気分がよくなるものを身につけましょう。

自分が好きな服を着て気持ちよく過ごしている人は、他の人の服装や若者の服装にいちいち目くじらを立てることもありません。人にも優しくなれるでしょう。

持ち物は、高いものを身につけていると気分がいい人もいれば、高いものを身につけていると失くしてはいけないと気がかりになる人もいると思いますが、とにかく自分が快適であることがいちばんです。

そして、あれもこれもといつも大荷物を持ち歩くより、必要なものがあればいつでもコンビニで買えばいいやくらいの気持ちでいる方が気楽です。

旅行の時も、あまり周到に準備するより、必要なものができたら現地で調達すればいいやくらいの気持ちでいた方が身軽でいられます。自分がどうしても使いたいものだけ持っていけばいいでしょう。

きちんと歯磨きをしたいなら歯ブラシでしょうし、夜リラックスするために好きなルームフレグランスというのもありです。ちなみに私はいつでもすぐワインを飲めるようにしたいので、ワインオープナーだけは持っていくようにしています。

旅のテーマは出たとこ勝負

私はこのところ、旅は出たとこ勝負の気分でいます。面白そうなところに、あまり細かな予定も立てずに出かけることが多いのです。

もちろん、旅の目的にもよるでしょう。いい旅館でゆっくりしようという時は、前々から日程を決めて、しっかり予約を入れます。食事は何よりの楽しみなので、おいしいものを食べるプランはきっちり立てます。ホテルや旅館で食事をする時は、ワインを持ち込んでいいかどうか聞いて、それを楽しみにします。

逆に言えば、その地のおいしいものを食べられれば旅の目的は達成したも同然なので、あとは面白そうなところがあれば足を延ばすし、そうでなければのんびりします。

計画を詰め込んで時間刻みで過ごす旅も悪くはありませんが、そろそろそんな気ままな旅が似合う年齢なのではないでしょうか。

買い物は娯楽だと思って楽しむ

買い物は、あれこれ選ぶのが好きな人とあまり時間をかけたくない人の両極端に分かれるでしょう。私は時間をかけたくない方の典型なので、たいていは必要なものだけを決めて、ぱっとすませます。

今日はジャケットを買いに行くとなったら、まずいちばん好きなブランドの店に行ってすすめられたものがよさそうならそのまま買って終わり。合うものがなければ、次の店に行ってまた同じことをする。その繰り返しです。

けれども、ある年齢になったら買い物は娯楽だと思うといいかもしれません。必要なものを買う行為ではなく、楽しみのひとつだと発想を転換するのです。

今日はいくらまでと決めて、好きなものを買う。あとで失敗したと思っても、多少損したところでそれで気にしない。物が新しく手に入ることより、買い物をする体験自体を娯楽だと考えるのです。思いがけなくいいものに出会えたり、思い切り安く買うことができたら、それはそれで嬉しくなるものです。

簡単に贅沢な気分になれる買い物のすすめ

娯楽としての買い物の中で、私が最も外れがないと思っているのは果物です。最近、私は果物を見ると、その場にある中で最も高いものを買うようにしています。たとえば宮崎マンゴーの高級品は1個1万円を優に超えるものも多く、かなりの贅沢品です。けれども、高級な果物には間違いがありません。食べる前にもワクワク感を味わえますし、間違いなくおいしく、贅沢な気分になれます。マンゴー、メロン、さくらんぼ、いちご、ぶどうとそれぞれ季節を楽しむこともできます。

肉は好みもあるので、高いから必ずおいしく感じるとは限りません。私はワインが好きですが、ワインは必ずしも価格と味が比例しません。その点、果物は決して期待を裏切らないのです。

そこまで高価なものではなくても、スーパーで果物を買う時にそこにある高いものを買ってみるというのも新鮮な楽しみでしょう。みかんやりんごにしても、新しい、未知の品種に目を向けてみるのは、手軽に贅沢感を味わえるいい方法です。

自然は手抜き心を育ててくれる

自然に触れること、植物を育てることはとても素晴らしい趣味です。

手抜きができない人は、植物を育てるにしても最高の結果を求めたくなります。けれども、自然というのは人間の思うようにはいかないことが多いものです。そして、ある程度手を抜いていい加減にやっているうちに、植物はぐんぐん育ったりするものです。

一生懸命やっても意図したとおりにはならないけれど、ちょっと手を抜いてもダメになったりはしない。自然と接することは、手抜きを学ぶためのいい経験になるのです。

ペット自慢を押しつけない

自分を癒す時間は必要です。それこそ、人それぞれ、自分なりのリラックス法を見つけるのが理想です。

動物で癒されるという人も多いでしょう。ただし、動物を飼っている人の唯一の欠点だと思うのは、押しつけがましくなる時があるということです。

自分が好きだ、可愛いと思うのはわかりますが、動物が苦手な人もいます。ペットの画像を誰彼かまわず見せ回ったり、熱弁したりするのはやりすぎでしょう。

ペットを家族同然だと思う気持ちもわかりますが、動物と人間を一緒にしてほしくないという考えもあります。他人に理解を求めるのは行きすぎではないでしょうか。

ペット自慢は仲間うちで、と決めておきましょう。

ソファやチェアで気持ちよくちょい寝

私は昼寝を日課にしています。

昼ご飯を食べてお腹いっぱいになると自然と眠くなってくるので、気持ちよく昼寝をします。ちょっと昼寝をすることで、目覚めてからまた仕事をする気力が湧いてきます。手軽にできるいいリラックス法でもあり、ちょっとした楽しみでもあります。

家のマッサージチェアでくつろぐ時間が最高だという人もいます。部屋のスペースと予算に余裕があれば、それもいいでしょう。大人が楽に横になれる寝心地のいいソファをリビングに置いて、何かをしながらうとうとするのも幸せな時間になるでしょう。

仕事の関係で、毎日家で昼寝するのは難しいかもしれませんが、もちろん時間は問いません。ちょっと疲れたという時に、睡眠は何よりの回復法です。突然睡魔に襲われたら、それは休みたいという体のサインです。気持ちよくちょい寝できる環境が家にあれば、それは何よりです。

第3章

手抜きの健康法で本物の元気を手に入れる

検査数値を気楽にとらえる

健康診断や人間ドックを、真面目な日本人は毎年きちんと受けます。そして、まるでテストの結果を知る時のようにドキドキしながらその検査結果を受け取ります。

そして、正常値を外れてしまった場合、大変だとばかりに慌てる人が多いのです。けれども、健診の結果はたとえて言うなら模試の結果のようなもの。そこで大騒ぎをする必要はないのです。

昔は脳卒中で死ぬ人が多かったこともあってか、血圧にはとても敏感な人が多いようです。病院には自動血圧計が設置されていることも多く、通院のたびに律儀に計っては、計測結果をいちいち気にします。そして「先生、血圧が１４１だったんですがどうしましょう」と悲壮感たっぷりに訴える患者さんもいます。

正常値血圧は、医療機関で測定した診察室血圧で１２０／80 mmHg 以下、高血圧は140／90mmHg以上とされています。

141ならわずか1超えただけのことなのですが、数字を目にするとどうしても気になってしまうのでしょうか。

意外に知られていないことかもしれませんが、血圧にしても血糖値にしても、1日のうちにかなり変動するものです。141mmHgはたまたまその時の数値であって、およそ160mmHgくらいまでは誤差の範囲だと思っています。

検査データについても、血圧や血糖値はかなり変動があるものです。頻繁に測ってはその時の数値に一喜一憂するのではなく、明らかに高くなった時に注意するという程度でかまわないのです。検査数値をもっと気楽にとらえてもいいのではないでしょうか。

賢い医者の数値の考え方

かつて、私の中性脂肪の値は600㎎／dlほどでした。正常値は30～149㎎／dlとなっています。それでも体調に問題がないためにしばらくなんの治療もせずにいたのですが、それがある時測った健診の際にとうとう1000㎎／dlを超えてしまったのです。

それまでとくに何も言わなかった私の主治医からも「さすがにこの数値は問題です」と言われてしまいました。中性脂肪の値が1000㎎／dlを超えると、急性膵炎のリスクが高まると言われています。今は問題ないとしてもこれは治療すべきだと私も判断し、以来、投薬治療を続けています。

ここで注目していただきたいのが、中性脂肪の正常値は30～149㎎／dlであって、150㎎／dlからは異常値になるということです。けれども、本当の本当にリ

スクが高いと主治医も私も納得したラインは1000㎎／dl、かなりの差がありま
す。通常の異常ラインはかなり低く見積もっているということです。
世の中には、異常なほど正常値にこだわる多くの医者がいます。けれども、賢い
医者は「さすがにこれ以上はまずい」というラインを心得ています。私の主治医も
600㎎／dlの時はとくに何も言わずにいてくれたのですが、1000㎎／dlを超
えてはじめて「急性膵炎になるリスクが高いので治療すべきだ」と教えてくれたの
です。
このように、本当に危なくなった時に適切に教えてくれる医者は信頼できます。
あまりにも厳格にとらわれすぎず、ゆるい考え方で検査数値を考えた方が、本当の
リスクを正しく回避できると考えています。

血圧はどこまで上がったら要注意？

私がかつて勤務していた浴風会という老人医療専門病院では、老人の正常値を知るために併設する老人ホームでいろいろと追跡調査をやっていました。

その結果、血圧130mmHgと150mmHgでは20年後の死亡率に差が認められませんでしたが、180mmHgになると明らかに死亡率が高まることがわかったのです。ですから、血圧は180mmHgになったらなんらかの対処をすべきだと考えるようになりました。

そう考えていたにもかかわらず、220mmHgまで上がってしまった血圧を、4、5年間そのまま放っておいた私です。計測するたびに200mmHgを超える数字を目にしながら、「昔の人と違って血管が強くなっているからこのくらいでも破れることはないよね」と自分に都合よく考えてしまっていました。実際に体調もよく、なんの不調も感じていなかったのです。

ところが、心臓ドックを受けた際に心エコーで異常が見つかってしまいました。血圧が高いということは、心臓が激しく運動をしているということです。つまり、心臓の筋肉が分厚くなります。

心臓に限らず、どの部位の筋肉でも運動をすれば鍛えられます。心臓の筋肉の場合は鍛えられて分厚くなる際、外側ではなく内側が分厚くなってしまうのが普通です。そのため、心臓の中で血液を循環させるポンプの部分が小さくなってしまうのです。

信頼する主治医から「このまま放っておくと心不全になる」と宣告を受けて、さすがにこれはリスクが高いと判断した私は、仕方なく血圧を下げる薬を飲むことにしたのです。

ところが、服薬で正常値である140mmHgまで下げると頭が働かず仕事にもなりません。とはいえ、180mmHgになると死亡率が高まるというデータは信頼性が高いと思っていたので、自分の体に負担の少ない170mmHgを目安にしています。

検査数値は数値そのものが問題なのではなく、そのまま放っておくと体調が悪くなることが問題なのです。

数年前に私は血糖値も600㎎／dlほどで、確かに喉が渇いて仕方がない、いつも体が若干だるいという自覚がありました。

そこでスクワットなどの運動を日課にしたところ300㎎／dlにまで低下し、確実に体調がよくなったのです。以来、自己判断で（通常医師は賛成してくれません）300㎎／dlを目安にしてそれを超えたら服薬治療を考えようという方針にしています。

低血糖こそ要注意

糖尿病に関わる数値として、HbA1c（ヘモグロビンエーワンシー）と呼ばれるものがあります。

これは、過去1、2か月ほどの血糖値を反映するもので、厚生労働省では特定健診においては5・6％以上を高血糖の基準としています。私は現在、およそ9・0～10・0％くらいなので、一般的にはかなり悪い数値になるでしょう。

ところがアメリカで行われた大規模調査を参考にすると、かなり違う見方ができるようになります。この調査は糖尿病の人たちを対象に、HbA1cを6・0％未満まで下げた群と7・0～7・9％まで下げるゆるめのコントロール群で、死亡率や低血糖発作を起こす割合などを調べたものです。

すると、7・0～7・9％程度の方が、6・0％未満よりも死亡率が明らかに低かったのです。血糖値を厳格に下げすぎると、かえって死亡率を上げることになりかねない、そこである程度ゆるくコントロールする方がいいということになりました。

かつて日本の糖尿病学会はその結果を7、8年間無視し続け、HbA1cを6・0%未満まで厳格に下げる治療を行っていました。けれども、さすがにそれはやりすぎだとなり、現在の日本糖尿病学会によるガイドラインでは6・5%以上が糖尿病の疑いありとなり、比較的ゆるめにコントロールする方針になったのです。

血糖値で問題になるのは、低血糖です。血糖値を正常範囲まで下げると、およそ16・2%の人が低血糖の発作を起こすというデータもあります。けれども、7・0～7・9%程度であれば、その率はぐっと下がって5・1%程度になります。

ただし、5・1%ならいいのかといえばそれも問題です。

たとえば車の運転中に発作が起きてしまうと、意識が朦朧として事故を起こす原因になります。私はそんなリスクを回避したいために、やや高めの値でコントロールするようにしています。

医者に指導されるがままに血糖値を下げると、低血糖の発作を起こして車の運転中に事故を起こしてしまうこともあり得ると考えたのです。

高齢者がアクセルとブレーキの踏み間違いで自動車事故を起こすと年齢のせいだと非難されますが、低血糖発作のために意識がはっきりしていないことが、それが起こる一因でもあるのではないでしょうか。

日本では基準値まで血糖値を下げた際に死亡率が上がるか下がるかという調査を行っていません。ですから、日本での正常値信仰にはあまり根拠がないのです。

医者のいいなりになるのではなく、正しい情報を得て、自分自身がどうあるべきかを判断した上で検査数値を受け止めることが必要だと私は考えています。

検査結果の正常値は賞味期限と思え

最近、「賞味期限」と「消費期限」の問題が話題になります。消費期限は、その食品を安全に食べられる期限のことであり、これは衛生上守られるべきものです。ところが賞味期限はおいしく食べられる期間の目安であって、安全性が損なわれるわけではありません。フードロス削減の観点から賞味期限を延ばそうという政府の方針もあり、「賞味期限を多少過ぎても安全性に問題はない」というのが常識になってきました。

検査数値についても、同じようなことが言えます。正常値というのはたとえていうなら賞味期限のようなものであり、多少超えたところで、すぐ大きな影響があるわけではありません。

品質が変質して腐ってしまったら食べてはいけないけれど、賞味期限を過ぎたからといってすぐおいしくなくなるわけでもないし、安全性には問題ありません。医者の言う正常値というのは、そのようなものです。

先ほどのように、糖尿病に関して医者の言うことを信じて正常値まで下げたら、実は死亡率が高かったということもあるのです。日本人を対象にきちんと調査もしていないのに、その数値を押しつける方がおかしいと思いませんか。

医者の言うことを鵜呑みにする必要はありませんし、話も適当に聞き流していいのです。

20代と同じ薬の量で本当にいいの?

病院に行くと、多くの薬が処方されます。「そんなに飲まないのに」「家に余ってるのに」と思いながらも、いらないとは言えずにもらってきてしまう人が多いのではないでしょうか。

本当にそんなに多くの薬がいるのでしょうか。私はかなり懐疑的です。薬は安易に飲まない方がいいと思っています。不必要な薬を飲めば、必ず何かしらの副作用はあるので、飲まないに越したことはないと思うのです。

何事も手抜きをしてはいけないと思う人は、薬の飲み方にも手を抜きません。

1日3回と言われたら、時間を決めて3回きちんと飲まなくてはいけないと思います。けれども、言われたことをそのまま守るということが、果たして本当に自分の体にとっていいことなのでしょうか。

「大人は1日3回服用」と決まっていれば、医者はそのとおりに指導します。その人の体の調子や状態を考えているわけではありません。

薬には半減期というものがあります。これは、肝臓で分解、腎臓で濾過して排泄することによって、薬の体内濃度が最大ピークの時の半分になるまでの時間です。

半減期に合わせて次の薬を飲むと血中濃度が安定するというのが一般的なモデル

で、多くの薬は半減期がおよそ8時間ほどになるように設定されています。だから、朝昼晩の1日3回服用となるのです。

ところが年をとると、肝機能が低下してきて分解速度も遅くなります。腎臓の機能も鈍くなって排泄も減るので、ほとんどの薬で半減期が延びるのが当然です。

それなのに、1日3回服用の薬は20代の頃と同じく、年をとっても3回のままです。「若い人は3回だけれど、あなたの年齢なら2回でいいよ」と言ってくれる医者はほとんどいません。

1歳の子どもと14歳の子どもに同じ量の薬を出す小児科の医者はいませんが、老人となるとその配慮がないのです。高齢者相手に薬の量を減らせない医者の方が、よほど不誠実だと思います。

薬は必ずしも3回飲まなくてもいいものですし、3回飲まないといけないと厳格に考えすぎる方がよほど体に悪いでしょう。

薬を勝手にやめるのはよくないと言われていますが、本当に深刻な事態に陥る場合には厳重な注意があるはずです。そうでなければ大きな問題はありません。

薬を飲むのをやめたところで飲みはじめる前に戻るだけです。体調がよくなるならそのままやめた方がいいし、体調が悪化したらまた飲みはじめればいいだけです。

「朝1回服用の薬は、昼になったら飲んではいけないのですか」と聞かれることもよくありますが、ほとんどの場合、朝飲もうが昼飲もうが問題ありません。

夜1回服用という指示のあるものは、眠くなる成分が入っている場合もあるので、「いつ飲んでも大丈夫だけれど眠くなるかもしれません」と伝えるだけです。

薬をお茶で飲んではいけないのかと聞かれることもありますが、多少吸収が落ちるくらいで大きな問題はありません。むしろ、高齢になれば薬の量も少なくていいのですから、吸収が落ちてちょうどいいくらいかもしれません。

医者や薬剤師は決められたことをそのまま話していることがほとんどで、その人に合わせて考えてくれるわけではありません。きちんと守らなくてはいけないと思いすぎず、言われたことをそのまま守れなくても大丈夫、むしろ自分で考えて判断しようという意識を持った方がいいのです。

話すだけで元気になるのがいい医者

世の中に医者は星の数ほど存在しますが、いい医者はそうそう多くないだろうと私は思います。何しろ、医者になってからろくに勉強していない人も多いのですから。

よく、いい医者と巡り会うにはどうしたらいいかと聞かれるのですが、これという方法はありません。ただ、ひとつ言えることがあるとすれば、その医者に通うようになって体調がいいならいい医者だろうということです。

医者に行くたびに気が重くなるとか、薬を飲んだら体調が悪くなるというなら、そんな状態を我慢するべきではありません。

いつも笑顔で「大丈夫、大丈夫」と言ってくれて、話を聞くだけで安心できるとか、その場に行くだけで元気になるという医者もいます。それが何よりの薬とも言えるわけで、そんな医者こそいい医者だと思うのです。

病院やクリニックに行く時は、まずは待合室を見るべきです。待合室で元気そうな患者さんたちが、楽しげに旅行の相談をしているようなところがいい病院です。「あの人今日来てまへんな」「病気になったから来てないんですわ」という病院の待合室での会話が笑いを誘うのは、桂文珍師匠の新作落語「老婆の休日」ですが、年をとって病気になったら本人が来られないのは当然であり、高齢者医療のリアルです。こんな会話が待合室で行われているとしたら、医者が「大丈夫や」と言って患者さんを笑顔にしてくれるようなパーソナリティの人で、それこそいい病院ということになるでしょう。

待合室に入ると患者さんが皆どよんとした雰囲気でなんだか居心地が悪いぞと感じたら、きっとそこの医者は薬を出しすぎて厳しいことばかり言っているのでしょう。さっさと別のところを探すに限ります。

ガンになったら穏やかな最期を迎えたい

現在の日本の死因は、1位が悪性新生物、つまりガン、2位が心疾患、3位が老衰、4位脳血管疾患、5位肺炎となっています。

死因のおよそ4分の1になっているガンですが、もしもこの先ガンになってしまったらどうするか、考えたことはあるでしょうか。

高齢になってからガンが発覚した場合、部位にもよりますが、手術をするとたいてい著しく体力を損なうことになってしまいます。通院も含めて、体には大きな負担がかかります。

ですから、ガンになったら積極的な治療はしないと決めてしまうのも、それこそ賢い手抜きのひとつだという考え方もあります。私自身、ガンになったら原則治療はしないと考えています。

おそらく、そんな選択をしたのだろうと考えられる人も増えてきたようです。最近、心臓の病気で亡くなったという方の話を聞きましたが、奥様の話では最期は穏やかな表情で、眠るように亡くなったということでした。

けれども、本当に心臓の病気が死因だとすると、最期が近づくにつれて息が苦しくてたまらなくなるはずです。穏やかな最期を迎えたのなら、本当はガンだったのではないかと私は考えました。部位にもよりますが、ガンの場合、治療を受けなければ私の推測では、9割は最期まで苦しみを伴わないのです。

ガンになって穏やかな最期を迎えたいと思ったら、何もしないのがいちばんです。逆にどんなに苦しい思いをしてでも、1秒でも長く生きたいと思うのであれば、断然医者に行ってさまざまな治療を受けるべきです。

脳梗塞や心筋梗塞を心配しすぎるべからず

脳梗塞を予防するためによく血液をサラサラにする抗血栓薬が使われています。けれども、血液がサラサラになると出血しやすい状態になるというデメリットもあります。

心筋梗塞の予防として、コレステロールを下げる薬も使われていますが、服薬することによって免疫力が下がり、ガンになりやすくなるというデメリットがあります。

予防というのは、あくまで確率の話です。なるかならないかわからない脳梗塞や心筋梗塞のために、他の部分で不具合が起きることに抵抗を覚えませんか。

脳梗塞や心筋梗塞の死亡率は低下しています。症状が起きてからすぐに処置することで救命できる確率が高まったからです。もし突然倒れてしまったとしても、すぐに救急車を呼べば助かることが格段に増えているのです。

最近、心筋梗塞で倒れた知り合いは、発作を起こして病院に運ばれました。が、ステントを入れる施術をしたところ、その後は全く元気に過ごしています。

脳梗塞にしても心筋梗塞にしても、tPAという血栓を溶かすことのできる素晴らしい薬があり、発作時にうまく処置できれば、後遺症も残りにくくなっています。ですから、脳梗塞になったらどうしよう、心筋梗塞で倒れたらどうしようと前もって心配するよりも、倒れた時にすぐに救急車を呼ぶという心構えでいた方がいいのではないかと思うのです。

ガンの予防法は今のところありませんので、できそこないの細胞を殺してくれるように免疫力を高めておくのがいちばんです。ストレスを溜めず、面白おかしく暮らすのが何よりの対処かもしれません。

医者の言うことをただ信じて実践すれば、心筋梗塞や脳梗塞の確率はちょっとだけ下がるかもしれません。「ちょっとだけ」です。けれども、「ちょっとだけ」下がるかわりに、免疫力が下がってガンになりやすくなるという考え方もできるのです。

もしガンで死にたかったら、医者の言いなりになって、あれこれ我慢する苦しい毎日を続け、ストレスを溜め、時々ぼーっとしたとしても効くか効かないかわからない薬を飲み続ければいいでしょう。

実際、ガンという病気は死期が予測できることを考えると、決して悪いものではありません。無理な治療をしなければ、あまり苦痛も伴いません。全く心の準備もできずに死を迎える病に比べれば、いい死に方ということもできます。

ただし、ガンになってからまた医者の言いなりになって苦しい治療を続けると、苦しみながら死を迎えることになるかもしれないとは言っておきます。

手術は年齢や体力と相談

高齢になればなるほど、手術は大きなダメージを体に与えます。80代、90代になれば体力がついていかないのは当然だと思うでしょうが、60代でもかなりのダメージがあり、体力が著しく落ちてしまうことになります。

そう考えて、私は今、何かの病気になったとしても、体にメスを入れるとか、輸血を伴うような大きな手術は、基本的に受けるつもりがありません。

子どもの心不全や心臓弁膜症であれば、もちろん将来を考えて弁置換術を受けるべきだと考えられます。けれども、70歳になって心臓弁膜症が見つかったらどうでしょうか。

心不全がひどくて、いつもものすごく苦しくて仕方ないというのならリスクがあっても手術を選択するのはありでしょう。けれども、それほどだるいという自覚症状もないのに、心臓の弁に異常があるから弁置換術をしますと言われたら、その手術は本当に必要なのかと考えた方がいいでしょう。

ただし、現在は体に負担の少ない手術方法が増えてきました。病気の種類や部位によっては、選択肢もあります。

私自身も、冠動脈ステント治療を受けました。これは冠動脈にカテーテルを挿入し、狭窄《きょうさく》部分を広げる処置です。現在は腕からカテーテルを挿入することもできるため、体への負担はとても少なくなっています。挿入してうまく血管が広がったのを見ることができて、あっという間に終わりました。

かつては腰痛でも、よくヘルニアや脊柱管狭窄症の手術が行われていたものです。けれども、手術をしたとしてもその前に十分ダメージを受けているせいか、たいがいよくならなかったのです。そのため、腰痛の手術は減少傾向にあります。

私が尊敬する日本一の腰痛治療の先生も、原則手術はしないとおっしゃっていました。

医者が患者を長生きさせてくれる保証はどこにもありません。けれども、楽にさせてくれる医者は探せば見つかります。

ひとつだけ確実に言えることは、どれだけ死にたくなくても、人間いつかは必ずお迎えが来るということです。決して死なずにすむ治療をしてくれる医者はどこにもいません。どんなに名医と言われる人でも、やっていることはそんなに変わらないものなんだ、くらいに考えておいた方がいいのです。

コレステロールを下げてガンになった話

コレステロール値は年をとったら高くてあたりまえ、むしろ高い方がいいくらいだという話を耳にしたこともあるのではないでしょうか。

コレステロール値を下げた方がいいというのは、動脈硬化の原因になり、心筋梗塞や脳梗塞のリスクが高くなるからです。けれども、現在急性心筋梗塞で亡くなる人は減少しており、ガンのおよそ12分の1にすぎません。

コレステロールは、ホルモンや免疫細胞の材料でもあります。そのため、無理に下げればホルモンが低下して元気がなくなる、免疫力が低下して感染症にかかりやすくなったり、ガンになりやすくなったりするというデメリットも大きいのです。

家系的に生まれつきコレステロール値が高い家族性高コレステロール血症というものがあります。ある一族はコレステロール値の高い人が多く、ガンで亡くなる人は全くいなかったのだそうです。

けれどもその中でひとりだけ、医者の言うことをよく聞いて真面目にコレステロールを下げる薬を飲み続けていたところ、一族ではじめてガンにかかってしまったというのです。

その人のおじいさんは、ずっとコレステロール値が高いと言われながらとくになんの対処もせずにいたところ、100歳まで生きたそうです。そんな話を聞くと、まあそんなことも多いのだろうなと思います。

正常値信仰の医者は「それは例外的なケースだ」と言うかもしれません。確かにそうかもしれません。けれども、血のつながった人にそんな人がいるとしたら、「自分もそちら側の人間かもしれないな」と考えてみてもいいのではないかと思うのです。

うつにならないために手を抜こう

高齢になってからうつになる人は意外と多いものです。

あれをしなくちゃいけない、これをしちゃいけない、あの人はこんなところがよくない、自分にも悪いところがあるなどとネガティブなことを考えていると、だんだん暗くなって、うつ状態に陥ります。若い頃より回復力が落ちている分、暗黒状態からなかなか抜け出せません。

　だからこそ、うまく手を抜くことが必要なのです。自分があれをしなくても、これをしちゃっても、世界は問題なく回っていきます。なんとかなります。

　周囲に鬱々として悩んでいる困った人がいたとしても、自分の家族や親族でない限り関係ないと考えて、なるべく距離を置きましょう。薄情だと思うかもしれませんが、巻き込まれてしまうと自分のためにも相手のためにもなりません。

　健康診断の検査数値にしても、気にしすぎないようにしましょう。薬を飲むたびに気になるのなら、薬もやめてしまいましょう。そうやっていちいち考えているとますますうつになりやすくなります。

　できるだけうつになりたくないと思ったら、まず日光に当たりましょう。外に出て風を感じながら、家の近くを歩きましょう。そして、物事を深刻に考えず、適当にとらえて、手を抜いて生きることが何より大切です。

うつになりやすい生き方とは

うつになりやすいタイプというのがあります。何事もくそ真面目に取り組まなくてはいけないと思っている人、かくあるべし思考に支配されている人、物事を小難しく考える人、決めつけが激しく人にもそれを押しつけようとする人です。

今までの経験上、これが正しいと思ったらそれを頑なに信じ続ける。自分が正しいと信じていることと他人の行動が異なると「これが正しい」と他人にまで押しつける。医者の言うことを額面どおりに受け取って、頑固に守り続ける。

そのような人たちは、まわりから見ると変わり者に見えるでしょうが、本人はただ真面目でまっすぐな人間だと自己評価しているものです。人にぐいぐい押しつけるのも、親切だと思ってやっているのです。そんなふうに、何かにとらわれたような考え方をしていると、うつになりやすいのです。

「人生いろいろ」「時代とともに価値観も変わる」「人それぞれいろんな考え方がある」「やってみなくちゃわからない」「失敗したっていい」と柔軟に考えて受け入れられる人は、そうそううつにはならないものです。

世の中、こちらが正しくてあちらが間違っているということはあまりありません。何を根拠にするかによって、正しいかどうかは変わります。

こうして私が主張し続けていることにしても、本当に正しいか正しくないかはわからないものです。

私は医者として、現在考え得る「最高に信じられそうなこと」「患者さんのためになりそうなこと」を常に考えているのであって、これを読んでいる人が信じようと思ったら信じてもらえれば嬉しいと思いますし、いや、ちょっと信じきれないと思うのであれば信じなくてもいいよという心構えでいます。他の医者のように押しつけはしたくないのです。

免疫力の低下が怖い

人間、完全消毒をしすぎると免疫力が弱くなってしまいます。

子どもがかかる病気だと思われていた溶連菌感染症が大人にも流行するようになりました。さらに、人食いバクテリアと呼ばれる劇症型溶血性レンサ球菌感染症の感染者数も激増しました。

「コロナの頃はみんな一生懸命に手洗いをして、消毒をして、マスクをしていたのに、最近意識がゆるんでいるせいだ」などと言う医者もいるのですが、それはおかしいと思いませんか。なぜなら、劇症型溶血性レンサ球菌感染症はコロナの頃より増えているのではなくて、その前から比べて、過去最多だというのですから。

コロナ禍になる前、誰もが1日に何度も手洗いとアルコール消毒を繰り返し、一生懸命アルコールシートでテーブルを拭いていたでしょうか。あるいは、どのくらいの人がマスクをしていたでしょうか。

日常とくに消毒もしなかった、マスクをするのも珍しかった頃と比べて増えているというのに、なんでもコロナに話をこじつけようとする、その道の専門家と称する大学教授がいるとは信じ難いことです。

コロナにしても、日本人が比較的軽くすんだと言われる理由のひとつに、よく風邪をひいていたからある程度の免疫力があったのではないかという説があります。身の回りがあまりにも清潔すぎると、免疫力は低下してしまいます。その結果、大人にまで溶連菌感染症が増えたのに違いないと私は考えています。

清潔を追求すれば、行き着く先は無菌状態になるでしょう。けれども、そうなると人間の免疫力は弱まってしまいます。

免疫力が弱まっている人、つまり白血病患者さんや化学療法を受けている人には無菌室が有効です。けれども正常な人が無菌室で生活すると、その人の免疫力は低下してしまいます。

インドの人たちが、あの抜群に汚いガンジス川の水を飲んでもお腹を壊さないのも、その清潔ではない環境に慣れているからだと言われています。

私は、発ガン性物質や有害物質が人体に及ぼす影響についても懐疑的です。現在、日本人は世界でもトップレベルの長生き人種なのですが、今の80代以上は子どもの頃から、農薬をかけられて育ったような人がたくさんいます。今では禁止されているチクロのような人工甘味料もたくさん摂っていました。それなのに平均寿命はどんどん延びています。その現実を見ると、体に悪いといってもたかが知れているのではないかと考えざるを得ません。

何に関しても、神経質になりすぎない方がいいのではないでしょうか。コロナの時も、日本が目指したのはいきなり「ゼロコロナ」のようなものでした。人工のものをすべて一掃しようなどというように、体に楽をさせすぎるのもよくないのではないかと私は疑っているのです。

日本人は根がくそ真面目すぎて「これがいい」となるとみんな一斉に同じ方向を

向いてきちんとやろうとしてしまいますが、本当のところ、手抜きじゃないかと思うくらいがちょうどいいと私は信じています。

ストレスは諸悪の根源

現在、日本人の死因の1位はガン、5位が肺炎で、6位が誤嚥性肺炎です。これらはすべて免疫力の低い人がかかる病気です。

ストレスなるものがいかに免疫力に悪影響を及ぼしているかは知られたことでしょう。それなのに、なかなかストレスをなくすことができないでいるのではないでしょうか。嫌なことを我慢してやるとか、苦しいけれどど根性で乗り切るというのは、かなりストレスのかかることです。

死因の2位は心疾患ということになっていますが、心疾患の大部分は心不全です。

心不全というのは、なぜ死んだかはっきりわからない人に対してつける死因でもあるので、そのうちの多くは実際のところ「不明」です。隠れた病があったのかもしれません。

実際に急性心筋梗塞で死ぬ人は、ガンで死ぬ人の12分の1しかいないのです。死因の3位は老衰です。これはいい死に方と誰もが憧れるものです。もっとも、なんらかの病気が隠れていたとしても、80歳以上だと「老衰」になってしまうこともよくあります。

4位は脳血管疾患（脳卒中）です。かつて脳卒中は、死因における堂々の第1位を長年保っていました。脳卒中の中でも、圧倒的に多かったのが脳出血です。そのため、いまだにみんな脳血管疾患を怖がって塩分を控えたり血圧を下げたりしているのですが、今はすっかり時代が変わっています。

今は、脳卒中の中でも、脳梗塞と脳出血がほぼ2対1と、脳出血は少なくなっています。脳出血で死ぬ人は、ガンで死ぬ人の10分の1くらいしかいないのです。多くの医者はなんと要領の悪い指導をし続けているのだろうかと思うのです。

血圧を下げる、コレステロールを下げるというのは、脳出血とか虚血性心疾患の予防のためなのですが、少ない確率のもののために、一生懸命に塩分を控え、食べたいものを涙を飲んで我慢して、免疫力を落とした結果、ガンで死ぬ人が増え続けているのが現状なのです。

そんなわけで、世界でほぼ唯一、ガンで死ぬ人が増えてきたというおかしな話になっているのです。

我慢やストレスがいかに体に悪いかということを、ほとんどの人が知識としては知っていながら、自分ごととして考えていないのです。

ど根性主義者になるということは、体にも、精神にも、寿命にも悪いことなのです。

若いうちは、ストレスが積み重なると何が起こるかと言えばうつ病、自殺が圧倒的です。30代くらいまでは自殺が死因のトップを占めています。

ストレスは、若くして死ぬ原因のトップ、年をとってからガンで死ぬ原因のトップになっているのです。だから、できるだけストレスを減らした方がいいよということを私は強く言いたいのです。

会社の人間関係がストレスになっているのなら、転職すればいいではありませんか。昔と違って、転職への理解もずいぶん高まっています。

配偶者がストレスになっているのだったら、さっさと別れればいいと思います。昔に比べると、離婚へのハードルもずいぶん下がっているでしょう。

皆、我慢することがいいことだ、美徳だと思い込みすぎているのです。

子どもは守られているのに

小学校の運動会では、子どもが傷つくからと徒競争をやめたり、順位をつけるのをやめたりするところが目立ちます。

いじめの原因になるからと、ニックネームを禁止するところもあります。中高では、学校で成績を張り出すのをやめるのがあたりまえになっています。その他にも、子どもが傷つかないように配慮されることが増えています。

それを徹底すれば、子どもの頃だけはかなりストレスフリーでいられるのかもしれません。

けれどもそうして大事に保護して育てておいて、大人世界がかつてより競争が激しくなっているのにいきなり野生に放つような教育が果たして正しいのでしょうか。

もちろん、子どもに我慢を強いろと言うつもりは全くありません。小学生のうちから、中学受験で根性論を叩き込まれるような勉強の方法がいいとは思いません。

けれども、その後のことを考えると、もう少し勝つ経験をさせてあげるとか、生きている喜びを感じさせてあげることも大切なのではないかと思うのです。

子どもと大人のどちらがストレスに強いかと言えば、むしろ子どもの方だと言うこともできます。子どもがストレスで病気になることはあまりありませんが、大人はストレスからすぐ体調を崩してしまいます。子どもがひとり自殺したら大騒ぎですが、子どもに比べて大人の自殺件数がいかに多いかは、統計を見ればすぐにわかることです。

社会に出れば、ある程度我慢しなくてはならないことがいくらでもあります。多少なりとも我慢を覚え、耐性をつけるとしたら子ども時代からはじめるべきだと思います。同時に、いい手抜きで要領よく解決する方法も、子ども時代から教えてあげたいなと思っています。

お酒とタバコとダイエット

お酒とタバコは「やめよう」「減らそう」と思いながらなかなかできない人も多

いのではないでしょうか。

お酒については、ほどほどの飲酒は歓迎です。楽しく飲んで明るい気持ちになれるのなら素晴らしいことだと思います。けれども、ひとりで飲むのだけは避けた方がいいでしょう。

なぜなら、ひとり酒はネガティブなことを考えてしまうことが多いからです。飲みすぎだと思っても、止めてくれる人もいません。高齢になってアルコール依存症になる人は少なくありません。外に出かけて、誰かと一緒に楽しい時間を過ごしながら飲むことをおすすめします。

タバコはもちろん吸わないに越したことはないのですが、60歳を過ぎたらもうやめなくてもいいのではないかと私は考えます。

65歳から69歳の老人ホームの入居者を対象に、タバコを吸う人と吸わない人で10年後の死亡率を比べた調査があるのですが、ほとんど差は認められなかったそうです。

肺気腫になって苦しくて仕方ないということがない限り、今になってやめたところで大きな違いはなさそうです。

60代からのダイエットは、「する方が間違っている」と力説します。小太りの方が長生きして健康という報告もあります。太っていると気にしている人の多くは、危険な肥満ではないのです。それより、栄養が摂れていないことの方がずっと健康に悪いのです。

もし、命を縮めてもスリムでいたいというのなら、無理なダイエットをどんどん重ねてください。年をとっても若々しく健康でいたいと考えたら、もはやダイエットなどしている場合ではないのです。

コンビニ上等の手抜きごはんで健康に

手抜き料理はいい手抜きの例と書きましたが、料理よりもむしろ、私は「手抜きごはん」をしてほしいと思っています。

多くの人は、「自分で料理をして食べる方がいい」と思っているのではないでしょうか。けれども、私は「できるだけ家で作らない方がいい」という考えです。

料理が何よりの趣味という人がおかずたっぷりの食事を用意しているのであれば、それはもちろん素晴らしいことです。育ち盛りの子どもがいた時は、栄養も考えて品数も豊富に料理していた人も多いでしょう。

けれども、子どもが独立して夫婦だけの生活になったり、ひとり暮らしになったりして、それほど料理に力を入れなくなった人も多いのではないかと思います。食べる量も減ったこともあり、わずか数種類の食材ですませてしまうこともあるでしょう。

しかも、いろいろな食材を買ってきてもすべて使い切れるとは限らないので、毎日のように同じ食材を使うことにもなりかねません。好きなものはだいたい決まっているので、いつも同じような変わり映えのしないメニューになってしまいがちです。

そうやって食べるものが偏ってしまうより、外でおいしそうな弁当を買ってきて食べた方が、いろいろなものを食べることができてよほど体にいいのです。

今はコンビニのお弁当も本当においしくなりました。スーパーでもお惣菜屋さんでも、趣向を凝らしたメニューがたくさんあります。幕の内弁当のように、なるべく多くの食材を使ったものを選ぶようにしましょう。

私も近所のコンビニやお惣菜屋さんにはよく立ち寄ります。弁当にもいろいろなおかずが並んでいるのに、小さなパックの惣菜が並んでいるのをみるとついつい欲しくなってちょこちょこと買ってしまいます。そうやって、その時体が欲するものをあれこれ食べるのがいいとされています。

いつも同じ店ではなく、日替わりでいろいろな店に寄って、品目の多い弁当を買えば、飽きることもなくいろいろな栄養を摂取することができます。

外に買いに行かない日は、冷凍食品も積極的に利用するといいでしょう。ワンプレートにいろいろ詰め合わせたおいしいお惣菜も増えています。

いつも同じもの、好きなものばかりではなく、いろいろなものを食べるのがいちばんです。そのために、いい手抜きをするべきです。

マクドナルドのハンバーガーをおいしく食べるのももちろんいいことです。宅配ピザやラーメンを食べるのもいいでしょう。けれども、そればかりを続けないようにしましょう。

今は、どこにも安くておいしいものがたくさんあります。あれがいけない、これがいけないと考えすぎず、なるべく多くの種類のものをおいしく食べるのが体にいいのです。

第4章

老後の不安を期待に変える手抜き発想法

夫婦関係を見直そう

60歳を迎える頃にまず考えたいこと。それが、人間関係の断捨離です。私は物の断捨離はすすめませんが、人間関係こそ是非それをしてほしいと考えています。

親戚関係、親子関係、友人関係、その他、多くの義理やしがらみが絡まっている人間関係があるかもしれませんが、基本はストレスになるものはなるべく遠ざけるようにしたいものです。

中でもいちばん難しいのが家族関係、そしてまず見直しをしたいのが夫婦関係です。

子どもが大きくなって手が離れると父親と母親という役割から離れ、夫婦としての関係に戻ります。勤務スタイルの変化などによって、家の中で過ごす時間も増えるでしょう。いつも一緒にいる方が落ち着く、楽しいというのなら問題ないのですが、そうとも限らないはずです。

この先、どんな関係でいるのがお互いに心地いいか、どのようなスタイルで暮らしてゆくのが好ましい老後になるのかを、考え直してみる時です。

まず、大きく分けて仲のいい夫婦とそうでもない夫婦がいます。そうでもない夫婦の場合から考えてみましょう。

子どもが家を出て夫婦2人きりの生活になると、それまでの生活と家の中の空気ががらりと変わり、一気に気が重くなるという人がいます。とくに女性の方が、ずっと夫の顔を見て暮らすのが気が重い、耐えられないということが多いようです。どうにも生理的に嫌だという場合には、いわゆる「夫源病」になります。正式な病名ではありませんが、夫が原因で感じるストレスが溜まった結果、情緒不安定になったり、頭痛やめまい、動悸、不眠など体にもさまざまな症状が現れます。

男性は仕事で外に出ていることが多く、子どもがいる場合は女性は子育てに一生懸命で、夫のことはあまり見ていなかったのでしょう。けれど、四六時中顔を合わせて一緒にいるようになったら、こんなに嫌な人だと思わなかった、一緒にいるのは苦痛だという話はよく聞くものです。子どもが大きくなるまではと我慢していたけれど、2人きりになったらもう我慢する必要はないということもあります。

本当に顔も見たくないとなったら、よくて別居、通常は離婚を考えることになるでしょう。

新しい出会いのチャンスは離婚から

もちろん、離婚は大変です。手続きや話し合いにエネルギーも使います。けれどもひと昔前と違って、今や、珍しいことでも恥ずかしいことでもありません。どうにもならないと思ったら潔く離婚してしまうのもいいと思います。

60を過ぎたとしても先は長いのです。この先の長い人生を明るく生きるためには、

「離婚はいけないこと」と重く考えなくていいのではないでしょうか。

気の合う人生のパートナーを探すチャンスは、今の時代、60代以上でも大いにあります。この先、意外といいパートナーが見つかる可能性は決して低くないのです。私の医者友だちにも、2回離婚した後、60歳過ぎて同窓会で再会した女性と結婚した人がいて、とても楽しそうに過ごしています。

今時、このような話もままあることでしょう。男性も女性も離婚する人が増えれば、その分新しいパートナーと出会う確率も多くなります。今までぱっとしない人生だったとしても、一気に幸せになる可能性も広がります。

人間、いつ、最高のパートナーと出会うチャンスが訪れるかわかりません。その時に、最も邪魔になるのが婚姻関係です。新しいパートナーと出会ってから離婚するとなると、風当たりも強くなりそうです。

ですから、これは無理だと思ったら早々に熟年離婚を提案するのもいいのではないでしょうか。お互いのためにもなります。

きっちり離婚した方がその後の人生設計が立てやすくなるでしょう。もし、マンションを持っているとしたら、売却して得た金額を半分に分けて、もう大きな家はいらないでしょうからそれぞれワンルームを探すのもありです。きちんと財産分与や年金分与もして、生活に足りない分は働けばいい。今の時代、年齢が高くても月に10万、20万円稼げる仕事はいくらでもあるのです。

つかず離れず婚のすすめ

離婚したいほどではないけれど、一緒にいると疲れてしまう夫婦の場合は、私が以前から提唱しているつかず離れず婚がいいのではないでしょうか。同じ家の中で基本別々の生活をするというものなので、経済面でも安全面でも別居するよりメリットは大きいはずです。

昼間は基本、別々に生活をします。会社勤めや子育てをしていた時と同様に、お互いそれぞれの都合で自由に過ごします。それぞれ別の趣味を持って、とくに許可を得ることもなく、相談することもなく、自由に外出します。

それぞれ別に個室を持って、寝室も別にすれば、生活リズムを干渉し合うこともなく、気ままに生活できます。ルームシェアくらいの気持ちでいるといいのではないでしょうか。共用部分の掃除をどうするかなど、最低限のルールを決めておくとスムーズです。

食事は別々に摂ることにすれば、生活のリズムを合わせる負担もなく気楽です。夫の栄養状態が気になるかもしれませんが、弁当でも惣菜でもデリバリーでもなんでもあります。

そうやって普段、別々の生活をしていると、たまには家で一緒にお酒を飲みながら食事をするのも、新鮮で悪くないということになるかもしれません。

仲良し夫婦の落とし穴

結婚して時間が経っても仲がよく、一緒に食事をして、旅行をして、楽しい時間を過ごすことができるまあまあラブラブな夫婦は、もちろんこの先も幸せに過ごせるでしょう。けれども、いいことばかりかというとそうでもなく、ひとつ、仲がいいゆえの面倒が起こり得るのです。

たとえば、夫が高血圧や糖尿病と診断されたとします。すると、愛するがゆえに塩分過多にならないようにと夫から醤油を取り上げたり、味がしないほど薄いものを食べさせたり、トンカツを禁止にしたりするのです。

夫の方も、そんな食生活に満足できなくても、愛情があるからやってくれているのだとわかるので、なかなか文句が言えません。愛ゆえではありますが、押しつけと我慢は大なり小なりストレスを生んでしまいます。せっかく仲がいいのに、食と健康をめぐって意見が合わなくなり、小競り合いが起きてしまってはもったいないことでしょう。

ある程度の年齢まできたら、残りの人生、基本は好きなものを食べた方が心身のためになります。たとえば、私は醤油の味が好きなので塩鮭にも醤油をかけます。もちろん、塩を抜くことができれば抜くようにはしますが、とにかく醤油です。

もし、醤油を取り上げられてしまったら、人生の大きな楽しみがなくなった気がしてストレスが生まれるでしょう。醤油のない人生を考えると、この先元気に生きていける自信がなくなってしまうのです。

愛情があるからこそ長生きしてほしい、健康でいてほしいと本心から願っているのはわかるのですが、私と同じように、食べることが人生の大きな楽しみと考えている人にとっては、ストレスになりかねません。

何も言わずに我慢するより、「人生のささやかで大切な楽しみだからここまでは食べるのを許してほしい」とはっきり言ってもいいのではないでしょうか。

子どもの機嫌を取る必要はない

「将来介護してもらうことになるかもしれないから、子どもとはいい関係を保っておかないと」と考えている人もいるのではないでしょうか。けれども、この先、家事や介護はロボットがやってくれるようになって子どもの介護をあてにしなくてもいい時代が来る、と私は考えています。ですから基本、大人になった子どもは他人のようなものと考えて、機嫌を取ったり、甘やかしたりする必要はないと思います。

ただし、今の時代、いい年になっても同居していて世話をかける、引きこもって社会と馴染めないという子どももいるでしょう。それでもなお、必要以上の面倒を見る必要はないと思います。手をかければかけるほど、子どもも依存してしまいかねません。

子どもが結婚して孫が生まれたら、どうつき合うかという問題もあります。たまに孫の面倒を見るのはいいけれど、あまりにも頻繁では疲れます。基本は自分の生活第一と考えて、無理に引き受けすぎないことです。

孫も資本主義の世の中に生きているので、ケチなおじいちゃん、おばあちゃんには寄ってきません。そこには、意外とシビアな人間関係があります。お年玉には5万円、10万円くらい渡してもいいのではないかと思うのです。ケチな老人と思われるより、孫に好かれる方が嬉しいではありませんか。

孫の教育に関しては、夫婦2人で働いても稼ぎが少ないから金銭的に援助してほしいと言われたら、余裕があるかぎり助けてあげればいいでしょう。私立の中学校に行かせるにも、塾に行かせるにも確かにお金がかかります。有効なお金の使い道であり、感謝される方法だと思います。

けれども、だからといって子ども夫婦の子育て方針には口は出してはいけません。子どもに対しては、基本、見返りなど求めてはいけないのです。

これだけしてやったんだから、老後の面倒はちゃんと見てほしいなどと決して思わないようにしましょう。子どもに財産を残すより、老後を快適に過ごすサービスを利用することを考えた方がいいと思うのです。

義理のつき合いはもうやめよう

義理で嫌々人とつき合うのはもうやめてもいいのではないでしょうか。仕事では我慢することが多かったかもしれませんが、もうそのしがらみもだんだん少なくなる頃でしょう。

私が身を置く医師の世界でもそうですが、定年後、もはや仕事上の関わりもないのに偉そうにしている人がいます。元上司や、元恩師の教授など、もちろんお世話になって尊敬できる人であれば話は別ですが、そうでもない場合つき合う必要などありません。

嫌な人間関係はすっぱり、さっぱり、すべて切ってもいいと思っています。物を断捨離するよりも、人間関係を断捨離する方がずっと今後のためになります。今、つき合っていて嫌な人が、この先よくなるということはまずないのです。

新しい人間関係でもそうです。たとえばサークルに入ったり、ボランティアをはじめたりすると、その集団に牢名主のような人がいて、ああだこうだ言ってくるかもしれません。それがうっとうしいなら、さっさと離れればいいだけです。

何かをはじめる時、あまり真面目に、真剣に考える必要はありません。興味のある趣味の集まりでも、そこにいる人と合わなければ楽しい時間は過ごせません。居心地のいい集団は、他できっと見つかります。何をするかより、そこにいて気持ちがいいかどうかを優先するのがいいでしょう。

「あれしろ」「これしろ」は悪いプレッシャー

食事の話でも、なるべく多くの食材を食べるようにした方がいいとはお伝えしましたが、「1日に何種類のものを食べなさい」と言われると、それがプレッシャーになってしまいます。

真面目な人は、きっと朝から食材の数を数えて、今日はクリアまであと何種類だと考えてしまうでしょう。そのように、何かによって自分を縛ってしまうとストレスになりかねません。だから、いろいろな人の「こうした方がいい」という話は参考程度に聞き流して、楽に、手を抜いて生きていいんだよと言いたいのです。

何をしていいかわからないから、誰かの言葉に従ってみようという考え方もあるかもしれません。手抜きでふんわり参考にするくらいならいいのですが、それを守ろうと思っているうちに、プレッシャーが積み重なってしまいます。

そもそも決めたとおりにできることなど、そう多くはないと思うのです。こうしようと思ってそのとおりにいかないことはままあるでしょう。その時に不安になったり、嫌な気分になったりして、それが積み重なるとうつ状態になってしまったりするのです。

こうしようと決めたことがあっても、自分の意志だけではどうにもならないことが多々あります。それなのに決めたことを守ろうとすれば、自分を責めたりしてしまいます。わざわざそんな生き方をしなくていいのではないでしょうか。

人生行き当たりばったりが気持ちいい

とくに、ある程度の年齢になったらすべて行き当たりばったりでいいのではないかと思うのです。むしろ、行き当たりばったりの方が、いろいろなことを新鮮に楽しめるのではないでしょうか。

たとえば旅行でも、とくに予定が詰まっているのでなければ、この日までに帰らなくてはいけないと決めず、自由な過ごし方をしてみるのはどうでしょう。

ふらりと旅に出て、金が尽きたら帰ればいいくらいの自由さでいると、スケジュールを守らなくてはならないというプレッシャーもなく、旅の日々を心から楽しむことができます。そんな自由な生き方が許される年齢になりつつあるのです。

お金が尽きて家に帰ってきたら、1週間くらいつましい暮らしをしてもいいでしょう。近くのスーパーなどで4〜500円くらいの弁当を買って食べて、そしてまたお金ができたら好きなことをするという気ままな生活、なんだか自由でいいと憧れませんか。

この先、体が動かなくなってくるとそんな生活も自由にできなくなるかもしれません。お金を使いたくても使えなくなるかもしれません。だから、自由に楽しめる時に楽しみ、お金も使える時に使えばいいのです。

将来が不安という声もありますが、大丈夫、なんとかなります。いざとなれば生活保護もありますし、飢え死にする事態になることはないでしょう。

今の日本は、外国と比べものにならないくらい安い昼飯もあれば安い弁当もあるので、5000円ほどあれば10日は生き抜けるはずです。そのうち、次の給料や年金も入ってくるでしょう。そのくらいの気ままな生活も素敵ではありませんか。

好きなものは先に食べるのが正解

「好きな食べ物を、先に食べるか後にとっておくか」はその人の性格にもよるもので、子どもの頃からなかなか変わらないのではないでしょうか。性格上、どちらがいいということはありません。けれども、年をとったら断然、好きなものを先に食べる方がいいと思っています。

いくらでも食べられた若い頃と違って、もはや食べられる量は決まっています。嫌いなものを先に食べるとそれでお腹がいっぱいになってしまって、本当に好きなものをいいコンディションで食べられなくなってしまいます。それが年をとるということなのです。

ゆくゆくはこんなことをしたい、いずれこんなものを買おう、いつかここに行ってみたいと思っていても、その「ゆくゆく」「いずれ」「いつか」はもう来ないかもしれないのです。

先のことを考えて今は我慢しておこうと思っているうちに歩けなくなってしまうかもしれないし、買っても使えなくなったり、楽しめなくなったりしてしまうかもしれません。

あまり先にとっておこうとせずに、使えるうちにいいお金の使い方をして、楽しめる時に楽しんだ方がいいと思うのです。

薬害エイズのもうひとつの見え方

人間、60代くらいになったら、自分なりに未来をもう少し予測してみるといいのではないでしょうか。

1980年代のはじめ頃、薬害エイズが大問題になりました。血液が凝固しにくい血友病の患者さんにとって必要な治療薬は血液製剤です。かつてはクリオ製剤という薬剤で治療をしていましたが、1970年代末に非加熱血液凝固因子製剤が登場しました。

この製剤は使いやすさからよく治療に使われるようになったのですが、当初、ウィルスを不活性化するための加熱処理が行われていませんでした。そのため、エイズの原因となるウィルスであるHIVが混入してしまい、それを投与された人たちがHIVのキャリアとなってしまったのです。

これが、今もよく取り沙汰される薬害エイズ問題です。

その事実が明らかになった後も、それを公開しなかったことは問題ですが、非加熱製剤の使用自体は、必ずしも悪いことではないという考え方もあります。エイズの潜伏期間が長いことを考えると、当時としては非加熱製剤を使うメリットもあったと考えられるのです。

非加熱製剤が出る前の血友病患者の平均死亡年齢は極めて低く、かつては成人することさえ難しいと言われていたほどです。

そしてクリオ製剤は在宅で投与することができないので、ふとした拍子に手や脚をぶつけて出血してしまうと、止血治療のために救急車を呼んで、病院に行く必要がありました。

けれども、非加熱製剤の登場によって、自己注射が可能になりました。糖尿病におけるインスリンのように自宅で治療できるようになったことで飛躍的に血友病患者の寿命が延びることになったのです。

非加熱製剤は後に加熱製剤にとって代わられていくわけですが、もし、非加熱製剤にウィルスが混入していることが判明したとして、加熱製剤が使えない期間、クリオ製剤に戻っていたとしたら、そこで守れない命もあったのではないかと考えられるのです。

エイズの潜伏期間が10年あったとして、その間に医学が進歩してＨＩＶが原因で命を落とすこともあまりなくなるだろうと考えると、あえて非加熱製剤を使うという考え方もあったと思うのです。

現実に、非加熱製剤でＨＩＶキャリアになりながら、今でも元気という方がかなりいます。非加熱製剤のためにＨＩＶキャリアになってしまったのは本当に悲しいことですが、その反面、血友病という病気を薬でコントロールしやすくなったために命が延びた部分もあるかもしれないのです。

時代は変化します。テクノロジーの進歩によって、今直面している課題が、10年、20年先には解決できるようになっている可能性は大いにあるのです。医療に限らず、テクノロジーの未来を信じるというのもひとつの考え方なのです。

テクノロジーの未来に期待する

現在の私は、血圧、血糖値、コレステロール値とも高い状態です。ゆるめのコントロールは行っていますが、この先どうなっていくかはわかりません。けれども、将来に悲観的にはなっていません。もしかしたら10年先か20年先、iPS細胞を使った治療が実用化されて、なんの問題もなしということになるかもしれないと期待しているからです。

動脈の壁にペタペタとiPS細胞を貼りつけておくと動脈が若返るという治療が開発されるかもしれません。だとしたら、今から動脈硬化を必要以上に恐れなくていいのではないかと思うのです。

10年ではまだまだ実用化はしないかもしれません。ものすごく高額な治療になるかもしれません。けれども、硬化した動脈が戻る可能性があるかもしれないと考えたら、気が楽になりませんか。

あれが怖い、これが怖いと窮屈に生活するよりも、テクノロジーの未来に期待して、明るく前向きに過ごした方が確実にストレスは溜まりません。

今、高齢者の運転が危険視されて免許証の返納がすすめられていますが、あと10年もしたら完全自動運転の車が実用化される可能性が高いのです。

自家用車の完全自動運転が実現して、高齢者が運転しても問題ないとなっても、運転免許証がなくては運転できません。世のテクノロジーはこれからどんどん進歩するのだから、結論を急がない方がいいのではないかと考えているのです。

夢の介護ロボットが家にやってくる

２００５年、愛・地球博で二足歩行のロボットが登場し、受付業務をして驚かせてくれました。今では、受付応対をしてくれるロボットは珍しくなく、フロントでのチェックインから、コンシェルジュサービス、清掃までロボットがこなすホテルも順調に稼働しています。

今後はおそらく、介助してくれるロボット、お風呂に入れてくれるロボット、料理してくれるロボットなどのように、介護に必要なあらゆるロボットが登場するでしょう。今の技術があれば、決して難しくないはずです。

チャットＧＰＴのように、ＡＩと自然な会話のできる機能もますます充実するでしょう。きっと、日常生活で満足できる話し相手になってくれます。

３Ｄプリンタで、姿形も福山雅治そっくりのロボットを作ることも難しいことではないでしょう。もちろん、声も福山雅治です。チャットGPT機能を内蔵すれば、こちらが話した内容に応じて、自然にかつ優しく、励ましの言葉を囁いてくれるでしょう。

「今日こんなつらいことがあったんだ」と話しかけて「それは大変だったね」「乗り越えたのは素晴らしい」「僕はこう思うよ」「明日はもっといい日になるよ」と答えてくれたら、それだけで気分がよくなりませんか。

福山雅治の姿形で優しく声をかけてくれるロボットが、料理してくれて、風呂にも入れてくれて、下の世話もしてくれるなら、もう気を遣いながら子どもの世話になる必要などありません。

そういう時代がもう目前に来ていますし、早く来させなくてはいけません。「他人の世話になるのは嫌だ」などと頑なに言い張って、時代の流れに逆らうかのように立ち止まっている場合ではないのです。

私たちは自分たちの未来のために、世間の動きに目を向けて楽しい予測を続けるべきです。

高齢者向けのビジネスチャンスを見逃すな

現在の日本は、人口の29％が高齢者です。個人金融資産2200兆円の6割を60代以上が握っているとされるのが現状です。

そう考えれば、その層へ向けてビジネスがもっと活発になってもいいはずです。それなのに、私が高齢者向けの書籍でヒットを飛ばしても、一緒に高齢者向けの商品開発をしようとか、高齢者向けのテレビ番組をはじめたいので手伝ってほしいというオファーが来たことはありません。

高齢者向けの車やロボットのニーズは少なくないはずです。実現すれば、待ってましたとばかりにお金を出す人は多いはずです。それなのに、話を持ちかけてきた社長はひとりもいません。絶好のビジネスチャンスを見逃しているのではないかと思います。

タクシーに乗る高齢者は多いはずなのに、車内はどれもこれも企業向けの広告ばかり、高齢者向けの旅行や商品などの広告は見かけません。

世の経営者たちは、高齢者は確かにお金を持っていてもどうせ使わないのだろうと決めてかかっているのでしょうか。

老人ホームに入るのに数千万円かかるのなら、その費用で高機能介護ロボットを購入し、夫婦2人とも介護してもらえばかなり快適な生活を送ることができるでしょう。価格が数千万円であっても十分見合うはずです。きっと、売れます。

1000万円の介護ロボットが100万個売れたらすごいと思いませんか。高いと思うかもしれませんが、介護付きマンションや高級老人施設に比べたらはるかに安い一大プロジェクトです。

そんなロボットの登場を、私は今か今かと待ち望んでいるのですが、それを開発しようという経営者がいないことを深く憂えています。それでも遠からずそういう発想の人が出てくると期待しています。日本ではなく、世界のどこかかもしれません。

ロボットとドローンが人類を救う

戦争では、爆弾を敵地まで運ぶドローンを大量に使っているようです。そんな目的のドローンやロボットは決して増えるべきではありませんが、10万円、20万円くらいの価格で手に入るのであれば、どうか平和利用してほしいと願うのです。

それほどの重さのものをある程度正確な位置まで運ぶことのできるドローンがあれば、高齢者にとっては助かることがいくらでもあります。

たとえば、足もとがおぼつかなくなった高齢者を好きなところまで運んでくれるドローンがあれば、足腰が弱っても悲観することはありません。毎日の買い物は、ドローンですませることができます。

電機メーカーは優秀な電池を作っています。モーターも作っています。彼らの技術をもってすれば、人が乗れるドローンはもちろん、自動運転のひとり乗り電気自動車も作れるはずです。電機メーカーが高齢者向けのドローンや電気自動車を家電のように作って、ヤマダデンキやビックカメラで売ってくれればどれほど快適な生活になるでしょう。

そんな時代になれば、歩けなくなっても何も恐れることはありません。ドローンで富士山の頂上まで登れるのだとしたら、夢が広がるでしょう。

自動運転の技術を応用して、かなりのスピードを出していても車や人が飛び出してきたら自動的に止まってくれる車椅子を作ることができれば、いつでも好きなところに行くことができます。時速50キロくらいであれば、東京の中心、渋谷あたりから横浜まで40分ほどです。歩けなくなることが、それほど怖いことではなくなるのです。

もちろん、道路交通法などの問題があって実現は簡単ではないでしょうが、そんな未来を想像してみると、長生きするのも悪くないと思えるでしょう。高齢になって、体の自由が利かなくなったらどうしようと不安になったり、困った時の準備をするよりも、まずテクノロジーの進歩と未来を信じてみるといいと思うのです。

もしも私が大会社の経営者であったなら、高齢者のためになる開発をどんどん進めていたと思います。この日本社会を、10年分くらいは進歩させてやるくらいの意気込みでいたと思います。

もし、私が夢の会社を作って500億円ほど資金を集めることができたなら、介護ロボットと人を運ぶドローンを一家に一台備えることができるようにしたいと思っています。

記憶力の低下より気にすべきこと

年をとって記憶力が落ちてきたことを嘆く人が多いのですが、記憶力が落ちたかどうか自体は大した問題ではありません。それで何に困るか、どう対処するかを考えればいいだけです。

大事なことを忘れないようにするためには、スマホのメモ機能や録音機能を使うなどの工夫をすればいいだけなのです。今時、対処法はいくらでもあります。

判断力や理解力が落ちたことを気にする人もいますが、それもＡＩのようなテクノロジーの力を借りればどうにかなるものです。

けれども、他のもので代替することができず、どうしても低下させたくないものがあります。それは「意欲」です。

意欲を低下させないための方法のひとつは、「やりたいことをやる」ことです。

もうひとつは、「前頭葉を鍛える」ことです。

前頭葉を鍛えるためには、意外なこと、想定外のことに挑戦するのが効果的です。毎日同じルーティンを続けているのなら、それを脱してみましょう。いつも出かける店ばかりではなく、新しい店に行ってみましょう。駅までの道のりも、いつも同じコースではなく、少し遠回りしてみましょう。いつもと違うこと、昨日とは違うことをし続けることで、前頭葉は鍛えられます。

そして、広くいろいろなことを楽しみましょう。

真面目な人、堅苦しい人の最も困ったところは、自分がいいと信じることを他人にも押しつけることです。

自分ひとりで好き好んで融通のきかないことをしているのなら「あいつは損な性分だな」ですむのですが、よかれと思って人に押しつけるから嫌われることになってしまいます。

真面目な人は何かしら我慢をしています。自分はこんなに我慢しているのだと思うと、人にもそれを求めたくなるのでしょう。真面目ひとすじというと職人さんのような人を想像するかもしれませんが、真面目を楽しんでいる人やプロ意識のある人は、他人に押しつけたりはしません。

自分の価値観を人に押しつけて、いいことなどひとつもありません。たとえ、それがどんなに素晴らしいとされていることであったとしてもです。

そうやって自分の考えを他人に押しつける人こそ手抜きをして、「ま、いっか」と思ってほしいのです。

もしかしたら、まわりに思い当たる人がいるのではないでしょうか。押しつけがましい人ほど、自分では変わった方がいいと気づいていないのかもしれません。けれど、他人に働きかけてどうにかなるものではありません。他人は変えられない。自分で気づくしかない。自分の生き方以外は変えることができないのです。自ら、変わることのできる人は本当に素晴らしく、幸運です。

男性ホルモンの低下を防ぐために

年齢とともにホルモンの分泌バランスは変化します。その影響で女性の更年期にはさまざまな症状が起こることが知られていますが、最近は男性の更年期も注目されるようになってきています。ホルモンの低下によって性欲が減退するだけではなく、やる気が起きなくなり、うつのような状態になってしまうこともあるのです。

男性ホルモンであるテストステロンは筋肉を増大させたり性欲を高めたりするイメージが強いと思いますが、積極性や行動力、意欲を高めるためにも必要で、減少するとだるい、疲れやすいなどの症状が現れやすくなります。男性はもちろん、女性にも男性ホルモンはあって、分泌されることでやる気や社会性が生まれるのです。ですから、減少をなんとか食い止めなくてはなりません。

恋愛や性的刺激は男性ホルモンの分泌を活発にし、前頭葉にもいい刺激を与えます。とくに男性にとって、モテたいと思う気持ちや性的好奇心を持ち続けることは生涯にわたって大事なことなのです。

もし、ＥＤ気味になって男性としての自信を失ってしまいそうになったら、男性ホルモン補充療法を検討してみるといいでしょう。欧米では性ホルモンが減少した時に補充療法を受けるのが一般的です。日本ではとかく快楽のためと思われがちで、なんとなく反則のように感じる人もいるかもしれませんが、決してそんなことはありません。いつまでも元気で意欲的でいるために、もっと積極的に試してみるべきだと思います。

高齢者こそＡＩの恩恵を受けよう

コロナの影響で、リモートワークがかなり普及したのはいい傾向だと言えるでしょう。けれども、そんな中でも必ず毎日出社して、「誰々はなかなか会社に来ない。けしからん」と文句を言っている人もいるという話を聞きます。

在宅勤務を続けていようと、きちんと仕事で結果を出しているのであれば企業としては問題がないはずです。結果を出していない人が、出社するという行為で仕事している感をアピールして、在宅勤務者を叩いているとすればおかしな話です。

マネジメントという言葉の意味も、以前とはずいぶん変わりました。昔は、社員をきちんと働かせることがマネジメントだったのでしょうが、今は結果を出させることがマネジメントです。

世間のイメージでは、若者はオンラインで働いて結果さえ出せばいいと考え、高齢者はとにかく会社にやってきて忠誠心を示すというスタイルがあたりまえだと思われているかもしれません。けれども本来、満員電車で余計な体力を使わずにすむ分、楽に働けると考えると、リモートワークの恩恵が大きいのは高齢者です。

「会社にいることが仕事をすること」「出社するのが偉い」「在宅勤務なんて言って

どうせサボっているんだろ」という思い込みがあるとしたら、すぐにも捨て去って、より効率よく仕事できる方を選ぶべきです。

出社する人間が少ない方が、オフィスもコストを抑えられます。

年をとればとるほど、ＡＩの恩恵も受けるべきだし、ＩＴの恩恵も受けるべきです。

体力や気力も落ちてきているのに、昔と同じやり方では当然仕事効率は落ちます。周囲が、さまざまなツールを使いこなしているのに、その使い方を学ぶのが面倒だからといつまでも昔ながらのやり方でいて、しかも新しい方法を否定していれば、扱いにくい高齢者になるだけです。

世間のイメージとちょっと違うかもしれませんが、年をとればとるほど楽にできる方法を探さなくてはいけないのです。ちょっと頑張って、新しい方法を使いこなせるようになるか、それとも自分には必要ないと突っぱねるかで、これからの高齢者にとっての格差が生まれるように思います。

世の中が進歩していくにつれて、楽な方法は必ず増えます。ＡＩなんてと文句を言っていても、それを普通に使いこなす時代は必ずやってきます。チャットＧＰＴに文章を作らせるのも、悪いことではありません。

医者の仕事も、ほとんどＡＩがとって代わることになるのではないかと考えています。患者への説明や患者へのカウンセリングは人間でないと無理だとも言われますが、不勉強な医者が話すことで患者を余計落ち込ませることもあるのが現状です。

それなら、患者を落ち込ませずに励まし続けるＡＩの方がよほど優秀です。カウンセリングひとつとってみても、今の医学教育を続ける限り、ＡＩに勝てる医者など１％も出てこないのではないかとさえ思います。

認知症になったらのび太くんになって生きる

認知症になることを恐れている人は多いのですが、実際にはそれほど怖がるようなものではありません。

認知症はあたりまえの老化現象で、末期になれば皆ニコニコしているので、基本、放っておいてあげればいいと思っています。どうしてもひとり暮らしが難しくなったら、どこかの施設に入ればいい。もちろん、将来、有能な介護ロボットができればそれに面倒を見てもらえばいいのです。

たとえば、誰もが知っているマンガ「ドラえもん」に登場するのび太くんは小学4年生、およそ10歳です。10歳くらいの知能でドラえもんというロボットを手に入れると、世の中をのびのびと生きていけるというのがこれからのＡＩ時代です。

認知症が原因で物忘れがひどくなったとしても、物忘れこそＡＩが最も効率よくカバーしてくれる部分です。もう何もかも覚えておく必要はありません。

携帯電話が登場する前は、仕事先や親戚、友人など何か所もの電話番号を覚えていたものですが、今ではすっかり携帯電話の機能に任せて、圧倒的に多くの番号をすぐに引き出すことができるようになっています。

口で命令すれば、なんでもロボットがやってくれる時代がもうすぐそこまで来ているのです。

もう我慢なんていらない未来へ

今あるありとあらゆる我慢は、テクノロジーの進歩で必要なくなるのではないかと私は考えています。

たとえば・iPS細胞が実用化されれば、血管年齢を20歳に戻すことも可能かもしれません。そうなれば、血糖値を下げる必要も、コレステロールを気にする必要も、好きな食べ物を我慢する必要もなくなります。

生きているうちにその未来が来るかどうかわからないとしても、そんな未来が来ることを信じて、明るく前向きに生きるのが大事なのではないでしょうか。

起こらないかもしれない不安を今から感じてストレスを溜めていては、本当にそんな未来が来た時に元気でいられるかどうかもわからないのです。

私自身、歩けなくなるのは困ると思ってそれなりに散歩などもしているのですが、もしかしたらそんな必要はなくなるかもしれないという考えがちらりと頭をよぎります。

電動車椅子がものすごく発展するかもしれないし、ドローンが階段を上らせてくれるようになるかもしれません。そうなれば、エレベーターのない5階建ての5階に住んでいても心配などありません。どうせなら、自分の気持ちが明るくなる未来を想像した方がいいではありませんか。

私たちは「頑張れば頑張っただけいいことがある」「頑張ったからこそ今がある」というそこはかとない信念を抱えて生きていたように思います。けれどもこの先、世の中がこれ以上進歩すれば、10年後、20年後に「ああ、頑張って損した」と思う人も増えるのではないかと思うのです。

ＡＩが職業のあり方を変える

「楽をしてはいけない」という考え方は、20年もすれば確実に邪魔になると思います。

ＡＩができる仕事の幅が広がって、世の中の人の５％くらいしか働き口がないことになるかもしれません。ＡＩがとって代わることのできない職業、つまりアーティストやクリエイターのような人たち以外の労働力はいらなくなるかもしれません。

いえ、アーティストやクリエイターの仕事ぶりさえもかなり変わるでしょう。

20年後の作曲家の仕事ぶりについて考えてみます。まず、ＡＩに１０００曲くらいイメージに合った曲を作らせます。ＡＩは誰でも使いこなせるので、曲を作ること自体は特別難しい技能も必要ありません。

その中で、これがいちばん売れそうだというものを「選ぶ」のが作曲家の仕事になるのではないでしょうか。小説にしてもそうです。ＡＩにストーリーを作らせて、その中から最も売れる作品を「選ぶ」のが小説家ということになるのかもしれません。

ＡＩは無限にいろいろなものを考え出してくれるのですが、計算どおりにいかないのは人間の感性です。ＡＩが作り出した作品の中で、人々がどれを聴きたいか、読みたいか、買いたくなるかを当てるのが作曲家、小説家の仕事になる気がします。

それも、天才的な感性が必要なのではありません。一般大衆とシンクロした感性を持っている人がヒットメーカーになるのでしょう。

料理も同様です。たとえばＡＩを使っておいしいカレーを作ろうと思ったら、あっという間に５００種類くらいのレシピを提出してくれるでしょう。その中で、いちばんおいしいもの、いちばんウケるものを提供したお店が人気店になります。もちろん、多くの種類を用意して客に選ばせて、だんだんメニューを絞っていくやり方もいいでしょう。

働かざる者があたりまえになる

今後、ありとあらゆるものがＡＩの影響を受けるようになるのは間違いないはずです。今はまだ「ＡＩなんて」と否定的な姿勢を見せても許容されるかもしれませんが、いつまでもＡＩを忌避していたら時代から置いてけぼりになってしまうだけです。高齢者にこそ便利な恩恵も受けられなくなってしまいます。

ＡＩが進むのはあたりまえと考えて、むしろその先何が大切かを考えるべきです。ＡＩがなんでもやってくれるようになった時、選ぶ能力が大切になるでしょう。

そういう時代には、世の中で働ける人は５％程度しかいなくなり、残りの95％はベーシックインカムで生活していく時代が来るかもしれません。

ベーシックインカムとは、国や自治体が住民に対して定期的に一定の金額を支給する制度です。年金や生活保護などと異なるのは、状況や資産にかかわらず金額が一律であることです。

そうなると、ほとんどの人が何もしないで生きていくという時代になるかもしれません。もしそんな状況になったら、仕事のなくなった95％の人間はどう感じるのでしょう。ラッキーと感じるのか、不幸だと感じるのか、です。

そんな時にも発想の転換は大切です。古代ローマ時代、いわゆる一般労働は奴隷の仕事でした。市民はとくに何もしないでよかったのです。だからＡＩなんてしょせん人間の奴隷なんだと思う考え方もできるわけで、そう考えた方が幸せになれるでしょう。自分はＡＩにさえ仕事を奪われた、ＡＩ以下なのかと思うと不幸になるだけです。

もし、働かずに国や自治体が一定額を支給してくれる時代になったら、今、生活保護者を叩いている人たちは「自分もそうなってしまった」と最も惨めな気分になるかもしれません。

働かないことは悪いとか、働かざる者食うべからずという発想が、20年後、30年後になったら邪魔になるかもしれません。その時は、人間はもう働かなくてよくなったんだ、働かなくていいなんて幸せだと思えればいいのです。

ＡＴ車が普通の車になった現在

今は健康維持のために有効だと言われる散歩ですが、生活に歩く必要がなければこれも贅沢な趣味になるかもしれません。

歩くことが好きな人は歩けばいいいし、車に乗って自分で運転するのが好きな人はすればいい、でもそうでなければすべてＡＩに任せてしまえばいい。

そうなると、人間の生き方そのものが自己選択になって、皆が皆好きなように生きるようになるので、多くの医者が患者さんに命令することもなくなると思います。

今は「ＡＩなんて」と言っている人でも、おそらく長い時間をかけて受け入れるようになるでしょう。

たとえば昔の日本では、車と言えばマニュアルトランスミッション（ＭＴ）車が主流でした。運転免許をとる際はすべてＭＴ車で操作を覚え、オートマチック（ＡＴ）車講習を受けてオートマ化に対応する人もいました。けれどもＡＴ車がどんどん増え続け、１９９１年にはＡＴ限定免許が登場し、今では主流になっています。

私自身も若い頃、日本ではＭＴ車を運転していましたが、アメリカに住むことになったらＡＴ車しかなかったために自然と受け入れるようになりました。

かつて日本では「AT車なんて邪道だ」「MT車でなくては車と言えない」などと言う人も少なくなかったのですが、AT車に乗るようになったらやっぱりその方が圧倒的に楽です。楽をするのはいけないという考え方がおかしいのです。

これまでの長い歴史の進歩を見てわかるとおり、世の中は必ず楽な方に進化します。AIにしても、いくら反対の声を上げる人がいたとしても、そのうちどんどん世の中のスタンダードになります。いずれ受け入れざるを得なくなるのなら、早めに受け入れておいた方がいいのではないでしょうか。

電子レンジ調理にしても、ウーバーイーツのようなデリバリーも、今ではあたりまえになっています。新しく便利なものが登場した時にまず否定から入る人は一定数いて、少し苦言を呈することでなんだか偉くなったような気になるのかもしれませんが、それでは老害と言われるだけです。早めに受け入れておいた方が、後に気まずい思いをする必要もなくなるのではないでしょうか。

今より楽な方法を探すこと

繰り返しになりますが、今より楽な方法を探すことは何よりも大切なことです。

とくに、今苦しんでいる人にはそれを強く伝えたいと思っています。なかなか仕事が見つからないとか、一生懸命介護をしても親の認知症がひどくなる一方だとか、子どもが引きこもってニートになってしまったとか、そんな悩みを抱えていて答えがない、出口がないように感じているとしたら、おそらくそのやり方に見直しが必要です。

正しくないフォームでいくら練習をしても、上達しないばかりか体まで壊してしまうこともあるように、合わないやり方で進む限り、努力がかえって仇《あだ》になることもあるのです。変わらないなら何かを変えなくてはいけません。

うまくいかない時、ただ嘆いたり、人のせいにしたり、絶望したりする前に、とにかく別のやり方を探すべきです。あらゆる手を使った、やり尽くしたと思っていても、もっと手を抜けてうまくいく方法が必ず見つかるはずです。

私自身、天才でもなければすごい人でもありません。けれども、選択肢があった場合、常にどちらの方法がうまくいくか、楽で成果を上げられるかと考え続けてきたから、ここまでなんとか生き延びることができました。

そのやり方を、私は受験生の時に身につけたのです。

もちろん紆余曲折はあって、人生の中で何回も凹んだり、うまくいかないこともありました。金儲けがうまいわけでもないし、社会的地位も決して高いものにはならなかったけれど、まあまあ5年や10年は生き延びられそうな気がするし、年齢のわりに元気で楽しく生きています。

今60代の人は、あと20年か30年は元気に生きる未来が見えるでしょう。ここから先、手抜きをして今よりもっといい道を探すかどうかで、残りの人生はかなり変わると思います。

成り行きまかせに生きて、最後はＡＩが助けてくれるだろうと思えば、嫌なことを我慢する必要はありません。その中で、少しでも楽なやり方を探そうといつも考えていた方がいいのです。

大きなつづらと小さなつづらの教訓

誰もが小さい頃に親しんできた昔話、「舌切り雀」には、優しいおじいさんと強欲なおばあさんが登場します。

雀は自分を助けてくれたおじいさんにお土産として、大きなつづらと小さなつづらを選ばせます。おじいさんは、自分は高齢だから重いものは持てないと言い、軽くて小さなつづらを選びます。すると、そこには金銀財宝が入っていて、おばあさんが選んだ大きなつづらには魑魅魍魎が入っていたというお話です。

それが、欲張ってはいけない、謙虚でなくてはいけないという子ども向けの教訓になっています。

おじいさんは普通に大きいつづらの方が得るものは大きいと考えていたのでしょう。その上で無理なく持ち帰れる小さいつづらの方でいいと言ったわけで、謙虚だったとは限らず、確実なリターンを狙ったとも考えられます。

けれども、なぜか私たちは、小さなつづらを選ばなくてはならないという刷り込みがあるように思います。楽をしてはいけない、手を抜いてはいけない、欲を出してはいけない、大きい利益を望んではいけない。

けれども、小さいつづらにいいものが入っている確率が高くないこともまた、人生で皆、経験してきたことでしょう。

小さなつづらと大きなつづらに砂利も入っていれば宝石も入っているとすれば、確率的には大きな方が得だと考えていいではありませんか。

大きなつづらに1000分の1で宝石が入っていて、小さな方は100分の1だったとしても、大きなつづらの方が得るものが大きそうです。なぜ、あえて小さなつづらを選択しなくてはならないのでしょうか。

あたりまえのことですが、ヒットを打ちたかったら打数を増やすのがいちばんです。私もたくさん書籍を出版してきました。とても評判のいい作品がある反面、結果が今ひとつのものもありました。「もう少し点数を削った方が大ヒットに恵まれますよ」と助言を受けることもありますが、私はそうは思いません。

今も意気揚々と打席に立ち続けるから、ヒットも出ます。もちろん、三振もあれば凡打もあります。けれども、ヒットのためには打席に立ち続けるしかない。だから、私はずっと打席に立ち続けます。

いつまでも元気で、ともに人生の打席に立ち続けようではありませんか。

あとがき

本書に最後までつき合っていただき、ありがとうございます。

本書の後半は「手抜き」とは、若干テーマがずれているように思われたかもしれませんが、手抜きの目標は、なるべく楽をして結果を出すということなので、より楽ができるやり方、生き方の紹介をさせていただきました。

また、楽をする、手抜きをするというのは、目の前の仕事や課題にとらわれて、いっぱいいっぱいになるのでなく、今、少し妥協しても、長期的に生き残ることが大きな目標なので、将来的な視点についても考えさせていただきました。

人生は長いのに、目の前のことに追われてしまって長期的な視点が欠落している人があまりに多いと思います。

今のコロナが怖いから、先々、歩けなくなるとしても家を出ない。

今の中学受験で目一杯になって、子どもが将来勉強嫌いになることに目がいかない。

今の出世にこだわって、頑張りすぎたり、人間関係を大事にしなかったりして、退職前に体を壊したり、人に好かれないために、みじめな老後を送ったりする。

今、交通事故が多いからと、ちょっとすれば自動運転が実用化するのに、高齢者から免許を取り上げて、要介護高齢者を増やし、手取りの給料が将来にわたって減り続ける。

要するに「手抜き」ができない人は、今に追われ、将来のことが見えていない人ということになります。

また、人生が長くなっているのに、将来的なサバイバルを考えない人ということでもあります。

残念ながら、日本人はスポーツの世界などの例外（これはど根性をやめてから飛躍的にメダルが増え、世界的なプレイヤーが増えました）を除くと、ど根性や頑張ることが大事、鍛えないといけない、我慢できる人が立派な人、というような前時代的な教育を受けてきたので、私の言うことを受け入れることができない人は多いかもしれません。

でも、それが受け入れられたとしたら、相当な意識改革とも言えます。

この意識改革ができれば、残りの人生は、かなり楽なものになるし、自分の体や脳が少しずつ衰えてきても、介護その他の難題に直面しても上手に生き延びていけると思っています。

そこで自信を持ってもらいたいのです。

私自身は、要領のよい人生を心がけてきたつもりですが、その際に重要視していたことに、うまくいっている人に学ぶということがあります。

たまたま、大学受験の時に、それほど時間や労力をかけずに成功することができたので、それを本にしたらとても売れました。それ以上に、この年になって「先生のおかげで医者になれました」「人生が変わりました」とうまくいった人の声を聞けるのはとても嬉しいことです。

医者になってからは、いろいろと手本にする人がいたおかげで、他の仕事をかなりこなしながら、それなりにいい医者になれたと自負しています。

映画も、実は大学時代に、早撮り監督の現場につかせてもらったおかげで、47歳にして夢がかなって映画監督になれました。

偉そうなことを言うようですが、私が、今、現時点で他の人の見本になるようなことがあるとしたら、そんなに頑張らずに、この年になっても、かなりの仕事がこなせていることでしょう。自分なりに、手抜きの達人だと自負しています。

これは、才能とかの問題ではなく、実質的にテクニックを知っているかどうかだと思っています。あとは頑固でなく、素直にうまくいっている人のやり方をまねる姿勢の問題でもあるかもしれません。またうまくいかなければ、別のやり方を常に試してみるという態度も大きかったと思います。

もし、本書を通じて、少し意識改革ができたなら、この手のテクニックをバカにしないで、すなおにまねる姿勢や、試してみる態度も身につけていただきたいのです。

もちろん、本書に書かれたことをすべて試してほしいわけではありません。ちょっとでもうまくいきそうなことや、ちょっとでも、自分が楽になりそうなことから試してみる。そういう「手抜き」も大切です。

でも、それを通じて、うまく「手抜き」ができた経験を一度でもしてみると、生き方は確実に変わるはずです。私が天才でなく、生き方のテクニックをたくさん知っているだけと気づいていただけるかもしれません。

いろいろと偉そうなことを書かせていただきましたが、そういう形で私の真意をご理解いただき、少しでもこれからの人生、楽で実りあるものにしていただけると著者として幸甚この上ありません。

末筆になりますが、本書のような奇書の編集の労をとっていただいた河出書房新社の太田美穂さんと、構成していただいた嵯峨崎文香さんにはこの場を借りて深謝いたします。

和田秀樹

２０２４年11月

河出新書　079

60歳《さい》からの「手《て》抜《ぬ》き」の極《ごく》意《い》

二〇二五年一月二〇日　初版印刷
二〇二五年一月三〇日　初版発行

著者　和田《わだ》秀樹《ひでき》
発行者　小野寺優
発行所　株式会社河出書房新社
〒一六二-八五四四　東京都新宿区東五軒町二-一三
電話　〇三-三四〇四-一二〇一［営業］／〇三-三四〇四-八六一一［編集］
https://www.kawade.co.jp/
マーク　tupera tupera
装幀　木庭貴信（オクターヴ）
印刷・製本　中央精版印刷株式会社
Printed in Japan　ISBN978-4-309-63183-7

旧約聖書がわかる本
〈対話〉でひもとくその世界
並木浩一
奥泉光

旧約聖書とはどんな書物なのだろうか。小説のように自由で、思想書のように挑発的なその本質をつかみ出す〈対話〉による入門。

055

コミカライズ魂
『仮面ライダー』に始まる児童マンガ史
すがやみつる

『仮面ライダー』に始まり、いまも熱く語り継がれる1970年代を中心としたコミカライズ作品。時代の実作者が語る自伝的マンガ史。

056

徳川家康という人
本郷和人

徳川家康とはどんな人物か？　その生きざま、家臣団、軍事、政治・経済、外交……東京大学史料編纂所教授が重要ポイントを徹底解説。

057

『歎異抄』入門
無宗教からひもとく
阿満利麿

底知れない不安、絶望。その苦しみを煩悩の身のままで乗り越えていく手掛かりが、ここにある。逆説に満ちた親鸞の教えの核心に迫る！

058

50歳からの性教育
村瀬幸浩ほか

ジェンダー平等、性的同意、ＬＧＢＴＱ。多様化の時代に必要なのは知識と倫理感のアップデート。専門家たちが語る性教育学び直し。

059

河出新書

ゆるく生きれば楽になる

60歳からのテキトー生活

和田秀樹
Wada Hideki

「手抜き」「いい加減」でちょうどいい！
完全主義はもうやめて、
好きなように、やりたいことだけやる。
心がスッと軽くなる生き方を身につけて、
超高齢社会をいきいきと元気に！
明るく楽しい人生後半戦のスタート。

ISBN978-4-309-63173-8

河出新書
071